我不想當媽媽

18位頂客族女性的煩惱、幸福與人際關係

엄마는 되지 않기로 했습니다

崔至恩 최지은 —— 著　梁如幸 —— 譯

◆本書中所有的訪談皆於二〇一九年三月至十一月之間進行，受訪者的年紀與婚齡皆以訪問當時為主。

◆為了保護個人資料，一些受訪者的真實姓名等私人訊息，都經過部分改寫。

◆在採訪引文中，作者所說的話以〔〕標示。

◆「無子女」意指「沒有孩子，或是處於這樣的狀態中」，而「頂客」（DINK，Double Income No Kids）指的是不想生孩子的雙薪家庭夫妻。在本書中，「無子女」指自發性不想有孩子的已婚者，與「頂客」一詞混用。

目　錄

第2章 生孩子的是我，為什麼還要其他人同意？
——與配偶、父母和他人的角力

第3章

在韓國有對女性友善的環境嗎？

——無後女性在工作與生活上的困擾

推薦序

人生是自己的，重要的是傾聽自己的內心

羽茜（作家）

什麼時候會和什麼書相遇，真的是奇妙的緣分。收到這本《我不想當媽媽》時，我這樣感嘆。

可能會有人覺得，這本書請沒有小孩的女性來推薦會更好吧？但是我卻覺得，身為有小孩的女性，其實我和作者、以及她書中登場的人物，心情上有很多的共鳴。

選擇不生孩子的理由其實百百種，雖然在「結婚就是要生孩子」、「有小孩的人生才完整」的社會迷思下，不生小孩的人，很容易被貼上汙名化的標籤，被指責為不想負責任、不想長大、只在乎自己的自由。但是不生小孩的理由，就社會條件和個人的觀點來看，其實都是很正當的。

比方說，現在這個社會環境、氣候變遷、貧富差距、甚至還出現了像歷史課本上才有的那種造成幾百萬人生病、死亡的疫情，這真的是個適合生養孩子的環境嗎？如果說養育真的是人的本能，自然會想趨吉避凶，所以當大環境不好的時候就不想生養了，也是很正常的。

而且就個人的角度來說，懷疑自己適不適合、沒有自信為孩子的人生負責、對育兒生活不感興趣、擔心自己無法成為「理想的父母」，與其抱著「大家都是這樣過來的，所以我一定也可以」、「生了就會有辦法吧」這種其實只是大家盲目相信、然而沒有任何根據的說法去做自

己沒有把握的事情，其實，沒有確信就不要去做，反而才是更負責任的態度。

講著講著好像「為什麼想生小孩」，是比「不生小孩」還更難解釋的事情呢，我自己也很難解釋，特別是我在看這本書時，其實是頻頻點頭，覺得不生小孩的女性的這些感受，我也全部都有啊！我也想要自由、懷疑自己能否好好養育孩子長大、對於「好父母」的定義深感不安，老實說，在疫情最嚴重的時候，我甚至常在失眠的夜晚想著：如果我沒有生小孩就好了……想到自己或許無法好好保護他們，我第一次覺得人生是如此令人恐懼。

生養小孩的女性和不生養的女性，本質上沒有差那麼多，或者應該說，人跟人之間，在人性上本來就沒有那麼多差異，很多用來劃分人群的界線，好比說不生就是自私、生養才是成熟的說法，都是被人為創造出來的歧視和偏見。

比起用舊思維去壓迫每個人做「一樣的事情」，我覺得，我們願不願意去理解和尊重彼此的不同選擇，去意識到那其實出於普遍的人性，在不同選擇的人群之間，建立起友善和互相關懷的連結，才是創造一個共好的、更自由平等的社會的關鍵。

這本書就像有許多認真思考自己人生的女性，非常誠實、無私地分享自己的想法，作者的文筆也像好友對話那樣地親切，無論對生養是否已經有了明確的決定，我覺得都能幫助讀者，在對話中尋找自己的答案。

人生是自己的，重要的是傾聽自己的內心。

誠心推薦給大家。

推薦序

無論生育或不生育，都足以體現妳今生的價值

洪培芸（臨床心理師、作家）

身為女人，何時才能獲得全然的尊重，徹底的自由呢？從小到大，我們都聽過許多話語歌頌媽媽的偉大，也聽過為母則強……無數用來描述媽媽的崇高字眼。我同意，母親為了兒女所付出的一切相當了不起！然而，如果身為女人的妳，卻選擇不當媽媽呢？那麼妳很有可能被貼上太過自私的標籤，甚至被人明著開示，暗著規勸「生育小孩的女人才完整」，然後被旁人不請自來的好心建議逼迫到喘不過氣，彷彿妳的決定有瑕疵，妳的想法有問題，讓妳不禁懷疑起自己，是吧！

以上狀況多麼熟悉啊！這些都是我曾經走過的經歷，因為我也是活在二十一世紀的台灣，目前同樣是處在適婚年齡及生育階段的女性。

我很喜歡作者崔至恩在本書中細膩地寫出了所有選擇不生育的女性內心的徬徨、不安及重擔，面對現實生活及社會環境所考量的客觀因素，以及潛藏在人際關係中所面臨到的質疑、刁難及不痛快。不只是韓國女性，台灣社會也是，我在許多女性朋友及個案身上都看到相似的經歷，明明遭遇了旁人無端的為難，她們卻只能隱忍著，還懷疑是不是自己太自私！

同樣的，本書提到了對有些人很敏感，甚至是有些爭議的終止妊娠，對我而言更值得大書特書。這讓許多有過相同經驗，卻必須低調隱諱，甚至自責以對的女性，能夠被理解、尊重及看見。畢竟發生在學生時期的懷孕案例絕非罕見，不是嗎？即使不是學生身分，難道一個女人選擇終止妊娠，就要被扣上謀殺的帽子？甚至因為旁人眼光及社會價值觀而產生了羞恥感、罪惡感及悲傷等莫大壓力。尤其別忘了，我們的社會還有嬰靈的傳說，明明無法證實，卻讓每個選擇終止妊娠的女人深信自己做錯事，進而一生負罪，要定期焚燒紙錢及迴向助念，還相信自己未來必然遭受報應，著實讓人心疼！

本書帶給讀者及傳遞出來的最高價值，已經超越了表層的生育／不生育議題，而是讓所有人對於女性的生命能有全然的「尊重」。每個女人都能聽從自己內心深處的渴望，做出此時此刻自己想要的決定，不需要周遭他人的認可及同意，都能活得好自在，過得好自信。

無論選擇生育或不生育，都足以體現妳今生的價值，妳的完整妳決定！

致台灣讀者序

不當媽媽的妳，也可以很幸福

在我完成《我不想當媽媽》最後一篇訪問不到兩個月的時間，新冠肺炎就開始大流行，不管是出門、前往到任何地方，與任何人見面都會有風險，這是一個完全無法預測未來的災難時代。但是在這許多事物都停滯不前或是變得緩慢的世上，只要想到這本書竟然能「飛到」台灣與各位相會，內心就感到無比歡欣，同時也切身感受到，書一旦離開了我的手上，就會展現出自己的生命力，延伸到無法想像的地方。

過去幾年，台灣電影與電視劇在韓國有相當高的人氣，我也是看到優秀的影視作品後，暗自下定決心總有一天要拜訪台灣。而且最重要的是，台灣是亞洲第一個通過同性婚姻合法化的國家。當可以出國旅行的時刻來臨，我一定要親眼確認，像台灣以開放性與多樣性為基礎的文化究竟是如何形成的？我實在很好奇，對於愛情、婚姻與家庭，台灣女性的想法有哪些是與我相似，又有哪些是不一樣的。

在完成這本書後，偶爾會被問到「身邊的人會強烈逼迫妳生孩子嗎？」其實當我下定決心要寫這本書時，我最大的疑問是「沒有人強迫我要當媽媽，我也不想要生孩子，但是為什麼心裡還是那麼難受呢？」為了尋找答案，我開始尋找和我做出相同決定的女性，在與她們見面後，我內心的不安與孤獨感逐漸消失。我不是脫離由父母與孩子所組成的「正常家庭」的人，只是屬於希望擁有不同生活方式的人，而且我們能理解彼此的生活，這樣的領悟給我很大的安慰。

本書出版後，每當我收到許多不想生育的未婚女性、像我一樣已婚無子女的女性，以及正在養育孩子的女性等的訊息時，我明白女性一直以來都相當煩惱「當媽媽」這件事。我曾經收到一封無後女性的信，上面寫著「因為社會氛圍的影響，曾經動搖了曾在我心中佔有一席之地『不想當媽媽』的想法與信念，但讀完這本書之後，感覺獲得了合理的力量與必要的溫暖」。看到這段話，我覺得能讓大家知道這些故事，真是做得對極了。因此我想告訴大家，如果想當媽媽的欲望是正常的話，那麼不想當媽媽的欲望，也是正常的。女性對於各自的人生，不管做出什麼選擇，都不會是不好的、錯誤的、不足的，所以不需感到自責。

不久前，曾看到報導指出韓國與台灣的出生率是全世界最低的新聞，在韓國有不少人將這種現象歸咎到不生孩子的女性身上，並視其為「罪魁禍首」，很好奇台灣又是如何呢？當然在現代社會中女性不願意生育的理由相當多元，我認為國家或外部因素已經漸漸很難改變女性「不生育」的選擇，再加上疫情及氣候危機等全球性問題，更添增現今的不安與未來的不確定性。我們能做的，就是尊重生活在同一個時代的其他人，共享更美好的生活。同時為了相互理解，沒有比坦誠談論與傾聽各自的生活更好的方法了。

即使本書出版後，我仍持續思考著無子女女性、無子女夫妻的生活，也想要知道更多人的故事，想要看看更多各式各樣無後人生的面貌。如果在這世上的某處有人因此感到不安、孤單、罪惡感，我想告訴她，我們的生活方式沒有錯，甚至我也想繼續記錄無後人生在上了年紀之後的生活，這或許會是我一輩子的課題。

就像為了要解開我的人生疑問而開始著手寫這本書一樣，希望這本書也能為台灣讀者理出一點頭緒或是帶來小小安慰，最重要的是，無論妳以何種面貌生活在哪裡，都希望妳能幸福滿滿。

崔至恩

前言

不想當媽媽，錯了嗎？

我覺得年紀將邁入四字頭，是可以暢所欲言的時候了。雖然並非人一到了四十歲，生理時鐘就會立刻停止，但是我可以不必再煩惱，也不用回顧過往，似乎是可以說出我決定「不要當媽媽」這件事的時機了。

下過小雨的某天晚上，我在一棟大樓的大廳裡等待收工下班的姊姊。人群熙熙嚷嚷地踏出電梯，姊姊快步走了過來，把我帶到公司附設的幼兒園。三歲的小兒子看到媽媽便高興地蹦蹦跳跳，而我則有些尷尬地和他打了招呼。往地鐵方向前進的下班人潮，就如同雲朵在空中飄流一樣，姊姊牽著孩子，而我推著空盪的嬰兒車，三人一起往姊姊家走去。雖然距離不遠，但是姊姊擔心孩子會跌倒、亂跑或是撞到，所以一路提心吊膽，緊張兮兮。

到了姊姊家附近的幼兒園接大兒子下課後，姊姊便把弟弟放上嬰兒車，換牽著哥哥的手，而我一面走，一面覺得穿過地下停車場到姊姊家的路很遙遠。一回到家，姊姊忙著幫孩子們換衣服、洗手，自己的衣服卻只換了一半。

姊姊在準備晚餐的時候，本來我想幫忙餵小外甥吃副食品，可能他對笨手笨腳又不和藹可親的阿姨感到陌生，所以又哭又鬧不讓我餵。一開始，姊姊本來也很冷靜地哄著小兒子，但是他一直不斷尖叫吵鬧，讓姊姊也忍不住大聲喝斥，最後還故意轉過身去不理他，而我只是茫然地呆坐看著。

雖然我是代替媽媽前來幫忙「看」（care）孩子，結果還真的只是來「看」（see）孩子，我完全不知道該怎麼做，也幫不上任何忙。

「啊，我好想回家啊……」

已經精疲力盡的我，神智不清的頭腦轉個不停，我好想回到那安靜、能隨便亂躺，還可以盡情做任何事（**手機玩到沒電，不停瘋狂轉換電視頻道……**）的家！

不過同時我也覺得，姊姊真的好累啊，一整天都在公司工作，就算下班後也不能休息片刻，就開始馬上忙著餵孩子吃飯、幫孩子洗澡換衣服、陪他們玩、哄他們睡覺，日復一日不斷重覆同樣的生活。和老大說話的同時，也要哄著老二，而在這種忙亂的狀況下她竟然只發了一次脾氣。人怎麼能做到這種地步呢？我根本沒辦法！就在這時候，正在抱著小外甥說故事的姊姊，忽然對我說：

「如果妳也生一個孩子的話該有多好……」

我？

姊姊和我一起生活在同一個屋簷下三十五年，共用一個房間，在放兩個枕頭剛剛好的狹窄被窩裡睡覺。我們雖然經常吵架，但大部分都是因我而起，像是搶著把好吃的零嘴嗑光，偷穿姊姊下了好大決心才買的衣服，用一閃一閃的手機燈光吵醒姊姊（偶爾也會開電腦看連續劇）。我們從個性、興趣到愛吃的東西，都完全不同。雖然關係稱不上很親密，但是姊姊應該比世界上的任何人都清楚，我是一個多麼自我中心的人，可是這樣的姊姊竟然叫我生孩子？有沒有搞錯啊？

那晚我徹夜難眠。當姊姊和外甥們呈對角線似的姿勢歪歪斜斜地躺在床上，已經不知道是第幾次進入夢鄉時，而我卻清醒地想著：

「生養孩子這件事，難道真是那麼特別的經驗，每個人都必須經歷過一次才行嗎？我和小孩才相處一個小時，即便臉上是帶著笑容，但內心其實是不停吶喊著：『我真的很想快點回家』就連能讓我擠出笑容的動力，都是因為慶幸這不是我得日復一日過的生活。難道其中藏有我不知道、超巨大的幸福祕密嗎？要不然姊姊又何必要勸像我這樣的人生孩子呢？假設不生小孩，只有我錯過這世上大部分人都樂在其中的驚喜怎麼辦？」紛亂的思緒與不安的心情如跑馬燈轉個不停。

第二天早上，我將睡眼惺忪、似夢非夢的小外甥送到幼兒園，並送姊姊和大外甥到公司後，就覺得如同完成了一項艱鉅的任務一般，內心無比輕鬆，但是另一方面心裡卻又有點悶悶的，難道不生孩子真的是錯誤的選擇嗎？這麼重要的問題，我真的可以這樣輕易做決定嗎？難道未來我真的會後悔嗎？好想找個人問問，想聽對方肯定我的抉擇，也想確認在這世上我並不孤單。

決心要說出「不想當媽媽」這件事的關鍵點，就是在去姊姊家的那天，我想聽聽那些不會對別人說「妳生一個就會知道了」這種話，像我一樣決定不生孩子的女性們的故事。

「結婚」被認為是「生孩子」的同義詞，大部分的人都認為沒有孩子的婚姻生活是不完整的。在韓國，不想生孩子的女人，會被認為是沒血沒淚、自私自利。在這樣的社會氛圍中，和我做出一樣選擇的女性們究竟過著什麼樣的生活呢？她們曾經有過什麼樣的煩惱，又認為什麼才是幸福呢？為了見到「同類」，我決定付諸行動。

✦

但事情在一開始時進行得並不順利，將近一年左右，只要逢人我都會問：「你身邊有沒有已婚，但卻決定不生孩子的女性？」周圍的親朋好友我肯定不會放過，還問了常去的美容院院長、在聚會中初次見面的女性，甚至根本沒見過面的網友也都囊括其中。雖然以前職場上有幾位同事或朋友，是不打算生孩子的已婚女性，但我想要訪問我不認識的人，最好是跟住在首爾，靠寫文章過活的自由工作者的我，盡可能差異越多越好。我想聽聽這些女性的故事。我期待和這些不想當媽媽的女性，不論她們是住在哪裡、做什麼工作，過著什麼樣的生活，這些人究竟有什麼樣的故事，這是我最好奇的地方。

✦

最終，我透過許多管道，認識了在本書登場的十七位女性，她們分享了自己的人生故事。透過這些故事，我們稍微可以了解之所以做出不生孩子的決定，其實與生活中許多因素都有關係。雖然我是為了聽她們的故事而和她們見面，但有時候也會分享一些自己的故事。

當人們產生「只有我會這樣嗎？」的自我質疑，卻在毫無顧忌說出那些曾經無法說出口的苦惱之後，會了解到自己原來並不孤單，又或是從「那有什麼關係」的回應中得到安慰。這些來自不同職業、不同環境的女性，都做出了不生小孩的決定，並以各自的方式抵抗著周圍給予的生子壓力，我從她們身上獲得了勇氣，也感受到深厚的親密感。

不同於一般愉快的訪談過程，要以文字呈現每個人不同的經驗與想法，對我來說寫這本書是個突破自己、挑戰極限的過程。雖然我想保留訪問的原貌，並且希望能夠忠實傳達這些女性的生活脈絡，然而，每次把她們經歷大半人生所得到的複雜結論，化為文字時，都擔心是否因自己不成熟的文筆和書寫技巧，而會有遺漏疏失，或是扭曲事實。加上我並非學者或研究人員，無法在這個有趣的主題中發表更深入且豐富的觀點，對此我也感到相當可惜。

儘管如此，我能夠完成這項工作，是因為我比任何人都還喜歡她們的故事，我想讓世人都知道這群有勇氣又率直女性的故事。特別是對於不想生育，或是還在苦惱要不要生育的女性們，我想告訴她們，在這世界上也有選擇不生的生活，而且我們對這樣的生活相當滿意。因此在這裡，我要對所有參與訪談的女性朋友們，表達由衷的謝意，同時也非常感謝為我牽線，與她們搭起聯絡橋樑的親朋好友。

此外，我也要感謝在每當我茫然時，能為我指引方向與給予溫暖鼓勵的許宥珍主編，讓我能一步步繼續向前邁進。還有自始至終都給予支持的另一半，除了同意讓我寫出關於我們私生活的文章，同時也給了我許多幫助。最重要的，是感謝把全部人生都奉獻給我的爸爸媽媽，是他們讓我學習到養育一個人是無止盡的勞動、困難的試驗，同時也是不可預測的課題，因而建立親子關係是件非常特別的事，也許正因如此，所以我才決定不當媽媽。

受訪者簡介

我　三十九歲，結婚五年。現為文字工作者，曾有十一年大眾文化記者的經歷，和有著相同工作的先生居住在首爾。

道允　三十九歲，結婚十五年。小學老師，與同為老師的先生及五隻貓，住在京畿道城南市。

閔夏　二十五歲，結婚兩年。與上班族的先生及一隻狗，住在慶尚北道小城市A市。婚後辭掉工作，最近取得不動產資格證照。

寶拉　三十八歲，結婚五年。藝術工作者，與從事相同領域工作的先生住在釜山。

善宇　三十三歲，結婚五年。曾經是特教老師，現在積極參與女性團體的活動，與公務員的先生住在江原道江陵。

昭妍　三十六歲，結婚十一年。律師，與先生及兩隻貓住在首爾。

修莞　三十一歲，結婚兩年。住在南太平洋法屬新喀里多尼亞島，與當公務員的先生及兩隻貓一同生活，並在當地教英文及韓文。

勝珠　三十三歲，結婚五年。曾在外國企業擔任海外業務，因先生被外派到日本，目前在日本生活，並在當地攻讀經營研究所。

英智 三十九歲，結婚九年。經營書店、讀書會與寫作教室，與在造船廠工作的先生及兩隻貓住在慶尚南道統營。

宥琳 三十八歲，結婚六年。醫生，與上班族的先生住在京畿道日山。

允熙 三十五歲，結婚九年。準備與先生一起咖啡廳開店中，住在江原道江陵。

伊善 三十九歲，結婚七年。插畫家，與自營業者的先生住在首爾。

子賢 三十五歲，結婚七年。目前已離開大企業，與曾是職場同事的先生住在首爾，正準備移民加拿大。

宰卿 三十三歲，結婚五年。從事 I T 產業，與相同工作領域的上班族先生住在首爾。

廷媛 二十七歲，結婚四年。身為多元類型文章寫作的作家志願生，有時候會兼職指導讀書會或課後輔導老師，與上班族的先生及兩隻狗住在忠清北道小城市的B郡。

珠妍 四十一歲，結婚十年。公務員，目前自己一人住在釜山，先生在外縣市上班，是周末夫妻。

漢娜 四十一歲，結婚四年。全職接案化妝師，與上班族的先生及兩隻貓住在首爾。

浩庭 四十一歲，結婚八年。從事 I T 產業，與上班族的先生住在京畿道龍仁。

1

選擇不生孩子，都是百分百確定後做的決定嗎？

——當母親是選擇，不是義務

我滑著Instagram時，發現誠信女大護理學院的女權運動社團「NURCK」上傳了一篇文章，內容質疑必修教材《女性健康護理學》為何是以男性的視角陳述，因此寫了e-mail給出版社。在引用的例子中，令我特別注意的是下面這段文字：

許多女性認為懷孕與照顧孩子是她們人生最重要的目標之一，而大部分的女性也都希望能成為母親。

該慶幸作者沒有寫「所有」女性嗎？還是該感謝他沒有寫是「唯一」的目標呢？我有點恍神地滑到下一頁，對性別歧視提出質疑的學生在信中也表示，這本教材在幾年前出版時的書名居然還是《母性健康護理學》，現在可是二十一世紀呢！令人值得欣慰的是，出版社在檢討之後，決定對相關內容進行修改與刪除。

長久以來這些問題與我們切身相關，存在我們生活之中，然而世界卻對此置之不理，忽略問題的存在。然而，但是現在開始出現了轉變的契機，感謝勇敢踏出那一步的女性們。

另一方面，我反覆地讀了好幾遍，無數女性曾看過、學習過、相信過，也許是還被騙過的那一句話：

「大部分的女性都希望能成為母親。」

- 老實說，不生小孩的最大理由就是因為養小孩需要花很多錢。
- 我從來不曾想像過我和孩子在一起相處的畫面，反而覺得生孩子的人有點神奇。
- 就算我有生小孩的能力，應該也可以選擇不使用吧？
- 我並不是決定「想過沒有孩子的生活」，而是對我來說「工作很重要」。如果在工作上本來可以付出百分之百的努力，但是有了孩子之後，我必須得分出百分之九十的精力來養育孩子，這樣其他的事情就只能投入百分之十了。考量到現實層面，工作與孩子就和魚與熊掌一樣，兩者是無法兼得的。
- 我不懂為什麼女性一定要生小孩，事實上不生小孩才是自然的狀態，應該要問為什麼要生小孩才是啊，問為什麼不生小孩不是很妙嗎？我非常認真想過為什麼一定要生小孩，也曾經問過許多人，但是始終沒有找到能夠說服我的說法。

・我不太喜歡小孩，甚至可以說是討厭，看到朋友的小孩，甚至還會害怕到退避三舍，實在說不出「哎呀，他好可愛」這種話。我真的沒有自信在生了小孩後能夠好好照顧他。我身邊有孩子的人全都看起來精疲力盡，相當辛苦，而且我也很害怕會被孩子束縛，失去自由。因為我喜歡抽菸喝酒，也喜歡和朋友見面聚會，如果有孩子的話，這些休閒娛樂全部都得放棄。

・我相當關心環保議題，在這個人口已經多到爆炸的地球上，真的有必要再多增加一個人嗎？最近不管吃什麼食物，似乎都得要擔心會不會吃到塑化劑，生活在被汙染到無以復加的世界上，對我們來說已經不是件容易的事了。因此，不管是為了環境，還是為了孩子，我都不認為多增加一個人會是個好的選擇。

最近遇到了一些不想當媽媽，或是雖然不排斥，但比起孩子更渴望其他事物的女性之後，我了解到「不生孩子」的選擇，既是一種過程，也是一種結果，同時也是一種質疑，或者說是對生活的態度。做出這種決定，並沒有關鍵的瞬間，也沒有人可以一開始就很果斷。

不管是誰，不生育的想法仍然有可能改變，即使是意志比任何人都還要堅決，明確表明不願意生孩子的女性，也不代表她沒有經歷過猶豫、苦惱的過程。因為不生孩子的理由，與自身的生活複雜交織而成。

只是我偶爾會想起，在準備這本書的時期，向來準時的月經遲了。我在六年前曾經因為子宮內膜症開刀後，就會像注射抑制女性荷爾蒙的針劑一樣，體溫總是高低起伏不定。我去婦產科做了抽血檢查，三天後收到了荷爾蒙數值低下，需要回診複檢的訊息。

「會不會是早發性停經呢？」去醫院之前我做了最壞的想像。就跟大家一樣，我也先上網搜尋了一下，各種負面的資訊立即映入眼簾。假使網路上的訊息是正確的，我就會很難懷孕，這代表我這輩子就不能生育了嗎？（**我從未考慮試管嬰兒這條路**）我居然無法體驗許多女性都可以經歷的懷孕、生產、育兒的過程。

當下我就像黑寡婦[1]一樣感覺委屈悲傷，差點流下淚來，偏偏在上演悲傷的內心小劇場的瞬間，我孤獨一人，身邊連一個可以給予安慰的人都沒有！

1 電影《復仇者聯盟2：奧創紀元》中，由史嘉蕾．韓森所飾演的角色。黑寡婦想起自己曾在蘇聯間諜機關接受訓練，並且被迫接受絕育手術，而稱自己是「怪物」。

過了一陣子後，我逐漸恢復了理智。我本來就不打算想生小孩，卻因為「說不定很難懷孕」的理由而突然感到悲傷，這究竟是為什麼呢？剛開始感受到的失落並不是我真正的感覺，難道這不是在不擇手段灌輸「每個女人都應該當媽媽，女人的人生沒有比這更好的祝福了」的觀念之下，所產生的虛假情感嗎？因此，我決定先擺脫自我憐憫的情緒。

一個月之後，我再次做了抽血檢查並回診，醫生說雖然不是早發性停經，但是卵子的機能下降很多，並問我是否有懷孕的計畫，我說沒有，醫生便開了口服避孕藥以調整荷爾蒙指數。對我而言，這沒什麼差別，只是現在除了保險套外，又多加第二種避孕方式罷了。

✦

「大部分的女性都希望能成為母親」這句話裡，「大部分」到底是多少呢？十個人中有九個人？一百個人中有九十九個人？以名詞來看「一般情況是超過一半以上，接近整體的數目或比例」；以副詞來看，則可以說是「一般情況下」。雖然不知道不想當媽媽的我，到底是幾人中的幾分之幾，反正看來就不是「一般人」的樣子。

我沒有特別想要當媽媽，雖然可以想像有小孩後，生活中可能會交織不安與快樂，而變得多采多姿，卻沒有強烈到讓我想要去冒險的動機。雖然偶爾我會因為自己無法感受生產與養育孩子的激動、熱情、滿足的感情和經驗，多少感到遺憾，但是同時也很清楚自己沒有辦法撐過每天都得要餵孩子吃飯、幫孩子穿衣服，還要一直不停聽他們滔滔不絕，以及關注他們需求的日子。

其他像是對孩子的人際關係、學校生活、才能或是升學管道，要當做像是自己的事情一樣心煩苦惱的日子，也許會讓人感到不寒而慄，也或許會讓人感到無比幸福，但至少我不希望有任何人來撼動、改變我的人生。

當然我也會有些許的不安。原本跟我有著相同想法的人在生完小孩之後，應該也會改變原本的觀念吧？或許她們的世界會變得更寬廣、更豐富吧？但是在下一個瞬間我又想，就算真是這樣，那也不可能是我的人生。

本書的受訪者，與其說「大部分」與我相似，應該是說其實我們有許多不同之處，但是對於他們不想當媽媽的理由，我全都能產生共鳴。希望透過本書，能夠與大家分享不想當媽媽的女性們，也就是那些不屬於「大部分女人」的故事。

我是個網路中毒者，特別是與無子女女性有關的煩惱或經驗，那些生動又坦誠的故事，如果不是在網路上，幾乎沒有任何管道能夠得知。而且，對那些苦惱要不要生孩子貼文的回覆，我讀到的留言大多都是「只有百分之百確信的人才能成為頂客族」、「如果會煩惱要不要生孩子，那還是生比較好吧」等等。

當我不生孩子的堅定決心達到百分之九十五的程度時，讓我感到混亂的是那個「百分之百」的數字。難道真的只有毫無疑惑，帶著純粹百分百堅定心意的人，才會對一輩子不生孩子這件事毫無遺憾，而且生活得幸福嗎？

像我這樣未達百分之百，就這樣錯過「生育黃金期」的人，之後肯定會後悔嗎？難道世界上的頂客族夫妻真的全都有著百分之百的篤定才做出決定的嗎？有沒有一種人是雖然不想生孩子，卻為此一直猶豫煩惱，最後又想生的呢？

道允：二十多歲的時候，我帶著「雖然決定不要生孩子，但並沒有完全排斥這件事，因為我覺得自己隨時都有可能會改變心意，只要抱持正面想法」的態度過生

活。

在那之後，對於「生孩子」這件事，我還是採取持續觀望的態度，只是內心仍有許多糾結的疑惑，不生真的沒關係嗎？當生孩子變成我想必須面對的責任時，又會是如何呢？不過漸漸可以確信的是，生孩子不是我想做的事。雖然我不認為生孩子就會變得不幸，又或許生了孩子會感到幸福，但我想自己不會是那個幸福的人。

在受訪者中，有最長婚齡十五年的道允，與另一半在結婚前，自然達成了不生孩子的共識，對現在的兩人世界也相當滿意。但當我聽到即使是這樣的她，對於「生孩子」也曾經歷過長時間的觀望與猶豫時，這彷彿是告訴我，就算沒有百分之百篤定也沒關係，我們依然可以過得很好，這讓我在無法將心中萬分鬱悶一吐為快的情況下，找到了解答。

生活在這個「生孩子」才是正解的世上，就連對這個答案產生懷疑都會被否決。只要對著煩惱自己是否想生孩子的女性，丟出「如果妳覺得煩惱，那先生孩子就對了」的回答，就是要她們立刻停止猶豫，不要浪費時間慢慢探索自己真實的內心，只要跟隨「常理」走就好。

此外，對無子女夫妻也會有假裝明智的建議出現：「兩個人結婚之後，生活中一定會有甜蜜、有爭執，但兩人在走到低潮時沒有孩子，很容易就會分道揚鑣。」

對於這句話，道允笑著回答：「在生活低潮期沒有孩子的話，要離婚不是會比較容易，這樣才能各自過著幸福快樂的日子啊！」

宥琳：檢視我至今的人生，我所做的事都符合大家的預期與希望。學生時期認真讀書，之後進入社會工作也全力以赴，雖然結婚比較晚，但仍是結了。然而如果不生孩子的話，就好像變成異類，所以很難做出決定。我因為從未嘗試過偏離軌道的行為，更進一步說，就是不曾對「正常」這件事感到苦惱。

但是如果要生孩子的話，我的自主性可能會被剝奪，似乎我只能扮演「某種角色」，這令我感到恐懼。我想要活得更自由自在且獨立，一方面想要「活得忠於自我」，同時也有「雖然陌生，但是試著走入嶄新世界才算是大人」的想法。

事實上，有時候我覺得假設自己沒有避孕，卻意外懷孕的話，也不會拿掉孩子，應該會把他生下來，並且接受這個事實，所以有時候我也不是那麼百分之百篤定。

浩庭：對於沒走過的路，我總是會感到後悔。就在半年前，只要在路上看到可愛漂亮的孩子，我就會哭了起來，可能是因為快到更年期，情緒波動較大吧。只要在公司裡覺得很累、很辛苦的時候，我就會想：「我人生的意義到底是什麼？為什麼我要上班呢？孩子是那麼可愛，為什麼我沒有孩子呢？」晚上總是哭著入睡。即使如此掙扎糾結，我還是相當確信自己不想要有孩子。雖然難以言喻，在情感上的確會產生這種矛盾的想法，但是對不想生孩子的生活卻是「百分之百」的篤定。我覺得自己會一邊流淚，一邊想著「好想要個孩子」，只不過那是短暫從腦子閃過的情緒，所以並不會太好奇自己為什麼會有這種情緒。因為人的情緒本來就很複雜，即使腦子裡是這樣想，但看到小孩又會覺得他們好可愛而後悔自己的決定，簡單來說，就是會有「到底是想怎樣啦」的心情。（笑）

宥琳感受到的混亂和浩庭感受到的煩躁，我一點也不陌生。那些關於「生孩子」的理性與感性、欲望與判斷，全都交織成一團，如果我改變心意的話，可能會做出其他的選擇。有時候會有「我真的可以一輩子像這樣只做自己喜歡的事情也沒關係嗎？」和「雖說人生在世，許多不想做的事情也做了，但真的有必要進行這個不知道要花多少年，而且辛苦又艱難的計畫嗎？」

這兩種想法互相交錯著。

我有時候看到可愛的孩子，會忽然浮現「那小孩真可愛，萬一以後哪天我突然也想要生孩子該怎麼辦？現在是最後的機會嗎？不對，已經太遲了！我能做到每天餵奶、換尿布嗎？」這些想法，然後這些顧慮馬上又被我拋諸腦後。我到底是想怎樣啦～

但是比起「百分之百篤定要當媽」的女性，我反而認為有動搖的想法更重要。因為如果是前者的話，不太需要他人的故事作參考，而且能絲毫不遲疑，繼續走在不生育的道路上，真的是相當幸運的事情。即便是拿不定主意的女性們，也應該有充足的時間來正視自己的內心，集中精力思考自己的煩惱，不是嗎？

美國作家梅根．道溫（Meghan Daum）的著作《我決定沒有孩子的生活》（*Selfish, Shallow, and Self-Absorbed*）中，記載了選擇不生孩子的十六名作家（**女性對男性的比例是十三：三**）的故事。其中一位是精神分析師珍．賽佛（Jeanne Safer），她於一九八九年，四十二歲時，在某雜誌發表標題為〈跳過當個媽：選擇沒有孩子的生活〉（Beyond Motherhood：Choosing a Life Without Children）的文章[2]。

內容寫道：「我完全按照自己的意志思考及判斷，而決定不生孩子。」從那之後過了二十五年，珍成了六十七歲的無子女女性，在她所寫的散文開頭中，引用這段文字，並且闡述她當時的心情。

「當要做出人生中最困難且最孤單的最後決定時，我一面流著淚，一面寫下這段話，而當這篇報導印出來之後，我的主張就成了不可逆的事實，我又再度流下眼淚。」

「向世界宣布『不生孩子』之後就哭了」，雖然聽起來很奇怪，但是我能理解這種矛盾的心情，也跟著流下了眼淚。「不生孩子」真的是一個相當孤獨的決定，就連對孤獨感相當遲鈍的我，有時候也會忽然驚覺自己竟然感到孤單而大吃一驚。生孩子這件事雖然可以和配偶討論，但是只有我才能做出最後的決定。

「生孩子」是一個左右今後人生的重大選擇，再加上生育黃金期的「截止期限」漸漸逼近，我卻不知道該怎麼下決定，所以感到孤立無助。有些受訪者說：「有時候我會想，乾脆有個孩子從天而降在我們家門前就好了！」或者「醫生乾脆直接宣布我不能懷孕，說不定我心情還比較輕鬆！」也有受訪者表示，因為處在猶豫要不要生子的狀態實在非常痛苦，都希望能趕快得

2 後來也以此標題出版成書。

出一個結論。

「決定不要當媽媽的人生更要靠連續不斷的努力。」珍．賽佛的這句話，告訴我們為什麼我們會產生動搖。我們都知道當媽媽，是需要連續不斷的努力（就算稱讚過母親很努力的那些人，從來沒有幫任何一位母親為寶寶換過尿布）。確實，身為一位母親得要在生活中奮戰，是相當辛苦的。因此，世界上才會有人批評不想當媽媽的女性是非常自私，而且還不盡本分。而珍．賽佛對於環繞在無子女女性身邊的多重壓力，做了這樣的結論。

> **如果妳要選擇的某條道路，是有別於傳統、符合自己過去與社會的期待、強調女性化概念的話，就必須要動員自己全身上下所有的意志去抵擋才行，在選擇與常理背道而馳的道路時，如果沒有這樣的覺悟是不行的。**

帶著這樣的覺悟，五年後，她遇到的轉捩點如下。

> **原來我不是真心想要孩子，而是期望擁有「想要孩子的那一份心」啊。**

就算到現在我也不知道自己是不是有著百分之百篤定的無子女女性（現在大概到了九十八

左右吧），但是這已經不再那麼重要了。因為我明白動搖只不過是種相當自然的情感罷了，同時也了解並不是只有我才會猶豫，因而獲得堅持下去的勇氣。

我第一次知道「惡露」這個詞彙，是在三十二歲時，從身邊第一個生孩子的朋友那邊聽到的。懷孕唯一的好處就是不會有月經，雖然這是在女生之間偶爾會開開的小玩笑，但在生產後，最長可至一個月，會從子宮排出分泌物這件事，之前我可是從來都沒有聽說過。

因為剖腹生產而從麻醉中醒來時，是會痛到自己無法單獨去上廁所的。聽說還不只是痛而已，還有許多不一而足的狀況，像是餵奶會很痛、便祕會變得更嚴重、手腕和指關節會痛到連鍵盤都不能打……在煩惱育兒之前，我想要先離懷孕和生產越遠越好。

雖然我的身體不算非常健康，但也沒有特別不舒服的地方，一直以來我就是這樣過生活。結婚前一年，我因為子宮內膜症開了刀，這並不是什麼大手術，很快就恢復了，但是為了防止復發，注射抑制荷爾蒙的針之後，卻把身體搞壞了。

簡單來說，就是出現類似「早發性更年期」的症狀，體溫經常忽高忽低，還會失眠，連記性也變得很差。雖說身體並沒有哪裡感到疼痛，但感覺生活得很辛苦，更是有了「好險我沒有懷孕」的想法。認真想想現在的生活就這麼疲累了，未來如果要以比現在更糟的狀態度過好幾個月，不禁感到眼前一片昏暗。

就像我透過朋友的經驗，了解到懷孕與生產的「真實面貌」一樣，在女性較多的職場，如小學老師道允看著自己同事的情況，自然也能感受到懷孕的艱辛。

道允：我是五班的班導師，四班和六班的老師差不多在同一時期懷孕。有一天我沒課，所以待在研究室裡，但在上課中突然聽到有人衝到廁所的腳步聲。我原本以為會跟電視劇裡演的孕吐一樣，大概只會聽到一聲「嘔」的聲音，結果卻是如假包換的一長串嘔吐聲。我擔心同事的狀況，也擔心學生們一定也嚇到了，正想該不該先去教室安撫學生情緒，同事卻已很快整理好儀容就回到教室了。才剛想「孕婦真是辛苦啊」，沒幾分鐘後，就換另一位老師去吐了，之後先孕吐的那位再去吐第二次。

其中一位在懷孕後期得了妊娠搔癢症，全身發癢卻又不能抓，真的很辛苦。雖然有生過小孩的老師們都說：「生完小孩之後症狀就會好了，稍微忍耐一下！」但是在這之前，還是得要工作啊，教孩子的工作可是相當耗費精神體力的事，這些為懷孕所受的罪，讓我忍不住覺得：「天啊，這樣我真的做不到。」

我們看到最多孕吐的場景，大概是KBS的週末連續劇，而且通常都是出現在最後一集，雖然不是什麼大節日，就在三代同堂一起吃飯時，媳婦突然發出「嘔」的一聲，然後猛然起身衝往廁所，以孕吐作為一個劇情轉變的契機，長輩們全都因為「家有喜事」個個眉開眼笑做為結尾。當然因為是劇情尾聲，除了短短「嘔」的一聲嘔吐以外，並不會出現其他的懷孕症狀。

劇中省略了孕婦反覆嘔吐與反胃的生活有多麼痛苦，省略了從身材苗條變成大腹便便，全身上下身材都腫脹變形，也省略了懷孕越到後期，膀胱被越來越大的肚子擠壓，去廁所的次數也會增加，因此沒辦法好好睡覺的痛苦……這許多身體不適的症狀，都不曾在戲劇裡看到。

然而，劇中一定會有先生為了「懷孕後變得敏感又善變的妻子」，深夜奔波去買食物的艱辛橋段。不久孩子就出生了，接著便馬上舉辦滿月酒。

寶拉：我覺得生小孩很可怕，很害怕生產時的劇痛，我有可能會死啊！所以我超討厭聽到連續劇裡女生要生小孩前總對先生說：「萬一有什麼不測，我死了也沒關係，一定要救我們的孩子」這種話。雖然連續劇裡的先生當然是會選擇救自己的妻子，而且大部分孩子也會活下來，彷彿那樣才是最好的結果。我每次和先生看到這種場景時，就會問他：「換作是你的話會怎麼做？」雖然他說：「哎呀，當然是先救妳啊！」但是真的遇到這種狀況，他真的會選擇意識不清的我，而放棄孩子嗎？反正無論如何我一定要聽到他說「一定會救我」的保證。（笑）

即使沒有想要生孩子的想法，但是大概可以知道寶拉為什麼會有這種想像，因為我們都是在認為女性身體因懷孕與生產所承受的苦痛與犧牲代表著「崇高」，同時也認為「這些根本不算什麼」的社會氣氛下長大的關係。

地鐵裡的孕婦專用座被認為是「逆向歧視」，許多人對此表示憤怒；如果選擇剖腹產的話，則會被指責母愛不足。對於那些想要讓不能或不想餵母乳的女性感到罪惡感的人們，真希望他們全都能懷孕，也去嘗嘗這種不舒服的感覺。

就連決定不生孩子的寶拉，在得知「可能無法懷孕」時，居然也會感到動搖，這一點很有趣。以下是她因子宮內膜症，卵巢囊腫沾黏與嚴重經痛的關係，接受手術時的小插曲。

寶拉：手術前，我聽到住院醫生說：「如果輸卵管堵塞的話，就必須切除，之後想要自然懷孕可能會比較困難」之後，內心一沉。雖然說我沒有生小孩的打算，就算切除了輸卵管也沒關係，但是一換上病人服，吊著點滴躺在病床上回想那句話，腦海中卻充滿了各式各樣的想法。

「假設兩三年後我想生小孩的話怎麼辦？可能會沒辦法自然懷孕？可是又不想做試管嬰兒……」先生聽了我的話之後說：「這只是切除妳的身體某一部份所產生的喪失感而已，不是因為想要小孩才會這樣。」聽完這話後，我的心情變得舒坦多了。

但當我躺在手術室裡打了麻醉針，聽著十、九、八、七的倒數，在最後瞬間仍還反覆確認：「會切除輸卵管對吧？」我對麻醉的最後印象，是還在想著「這個那麼重要……我為什麼……這麼……會沒事吧……」（笑），結果沒有切除輸卵管。

不想生孩子，甚至是打算不結婚的女性，過了三十五歲後，總是難免會煩惱生育的問題，這是因為有著「如果以後想生小孩，卻無法懷孕的話該怎麼辦」的不安，這種時候不知道為什麼，去做冷凍卵子，就像是可以找回內心平靜的方法。

昭妍：到了三十多歲之後，我也因為身體變老而感到焦躁不安，因為到了得要認真思考要不要生孩子的時期，所以和先生討論過好多次，也曾經認真去打聽凍卵的事情。

根據《生命倫理法》[3]，冷凍受精卵在五年內會被銷毀，但是關於冷凍卵子，由於立法不完善，沒有規定保管期限。如果我冷凍了卵子，在未來的某一天人工子宮被製造出來的話，到時候在將冷凍卵子與精子受精，在理論上完全行得通，但代理孕母因為倫理上的問題，所以不列入考慮。

我本來就不是這麼想要孩子，但是帶著一半「如果是這個人的孩子，似乎可以生一個試試看」的心情，另一半則是覺得自己的基因還不錯，不能繁衍下去實在太可惜，所以也想過要冷凍卵子。

不過，取卵的過程非常辛苦，之後從受精、著床到懷孕的成功率只有百分之七，雖然一年得繳給醫院幾十萬韓幣的保管費，對我來說不是什麼大問題，但是成功率這麼低，想一想覺得好像沒什麼意義，於是就打消念頭了。（笑）

有些女性會去打聽許多關於凍卵的資訊，最後卻在考量現實效益後放棄，就像是上例的昭妍一樣。我訪談的這些無子女女性們，在她們冷靜地判斷自身的情況究竟適不適合懷孕時，特別認為體力與健康是非常重要的問題。

宰卿：我相當注重自己的身材管理，所以一直都有固定運動的習慣。我常聽見很多在生產完，健康狀況持續惡化，或是生病的朋友說：「我在懷孕前應該也要

3 譯註：台灣為《人工生殖法》。

像妳一樣，接受個人運動指導，先培養好體力後再懷孕才對。」當然不可能所有人都身強體壯，而我們也無法預測在懷孕或生產的過程會有多辛苦，但是我實在無法理解她們為什麼會把懷孕認為是自己的宿命。

漢娜： 我有纖維肌痛症，肌肉會不斷收縮，卻無法舒緩，所以肌肉總會感到像是撕裂般的疼痛。早上睜開眼就像是被打一樣，得馬上吃藥才行，而且如果想要懷孕的話，就必須得要停藥；如果不吃藥就會出現戒斷現象，冒冷汗又全身發抖，想要維持日常生活也會變困難，所以我不想為了生孩子那麼辛苦生活。

我很開心聽到漢娜認為不該為了當媽媽而覺得自己「必須認命」忍受這些痛苦。特別是懷孕與生產過程中所承受的痛苦和體力耗損下降，都是女性自己承受，所以心態上不應該是「既然無法避開，就享受吧！」而是「如果不想的話，就避開吧！」

幸好，關於懷孕與生產的經驗，隨著越來越多女性的分享，似乎也喚起更多女性有可以選擇不要的選項。廷媛對兒童學博士全佳一所寫的《女性在生產中如何被排斥在外》，以及宋赫娜的《我不是孵蛋器》這兩本書印象特別深刻，她說：

廷媛：在知道懷孕對女性身體究竟是有多大的風險以後，我真的辦不到啊！

「墮胎不是權利，是謀殺！」

「懷孕瞬間就是一個生命的產生！」

「爸爸、媽媽救救我吧！」

二〇一九年三月，我為了促請墮胎罪是違憲的判決，在憲法裁判所前面參加了一人示威。這是在四月十一日進行墮胎罪違憲訴訟之前，由「全民廢除墮胎罪共同運動」所企畫的接力示威活動。那天我抵達憲法裁判所時，在正門已經有一群中老年人舉著「反對墮胎合法化」的宣傳字句，以及貼了放大的胎兒超音波照片的大型抗議板。諷刺的是，在現場高聲疾呼的都是老年男性。

與大聲交談喧嘩吵鬧，甚至還帶零食跟他人分享的那一區抗議者相反，我們這邊則是兩人一組，每三十分鐘輪流舉著「墮胎罪違憲」的牌子示威，不知道為什麼看起來如此寒酸又勢弱。他們是如此充滿熱忱又有組織性，我們在法院上真的能獲得正義嗎？

就在此時，有個裝扮成超級英雄，拿著手機正在做現場直播的男子走過來，把麥克風遞給我想要採訪，我表示拒絕後，他馬上改訪問站在我身旁，一位舉著贊同墮胎罪牌子的三十出頭女性。她有些靦腆地笑了笑，並指著一位老先生說：

「去訪問那位吧，我只不過是孩子的媽媽，不太會說話……」

那天最讓我感到震驚的是「我只不過是孩子的媽媽」這句話。這位有孩子的媽媽，為了要懲罰懷孕卻但決定不生下孩子的女性，因而主張墮胎罪的合理性站上街頭。我實在好奇究竟她覺得自己與那些墮胎的女性之間，究竟有多大的差別呢？

✦

雖然我們決定不要生孩子，也努力避孕，但還是懷孕了，這樣要把孩子生下來嗎？我曾經好幾次想像過這種場景，雖然並不會覺得大快人心，然而光是想像要拿掉孩子，內心也會感到抗拒。「都已經做好完善的避孕措施了卻還是懷孕，這難道不是一種啟示嗎？」雖然不知道是誰給予的啟示，但是如果就這樣順理成章地生下來，似乎也會覺得安心。

• 「妳曾經想過，如果懷孕的話會怎麼做嗎？」如果已經用盡千方百計避孕卻還懷孕的話，或許這就是天意，我覺得應該要生下來才對。「如果生下來的話，之後妳會怎樣呢？」大概就是怪天、怪自己吧……（笑）「你對墮胎有什麼想法呢？」我認為應該要百分之百尊重孕婦的意願才對。

・墮胎罪真的很沒道理，必須要廢止才對。「如果今天妳意外懷孕，不會讓你想要馬上墮胎的理由是什麼呢？」該怎麼說呢？這就像是「命中註定」的感覺吧，都已經避孕了還懷孕，又何必硬要拿掉？其實我身邊也有兩個朋友曾經動過墮胎手術，之後她們內心感到相當痛苦，到現在都還覺得非常自責。可是再仔細想想，換作是現在的我，應該也會選擇拿掉吧。

・雖然我信天主教，在我們那區的教堂裡，充斥著要求簽署反對廢止墮胎罪的氛圍，可是撇開宗教信仰，站在女性自主權的方面來看，我認為應該要廢除墮胎罪。雖然在教會法中墮胎是一種罪，但又利用社會法律進行制裁，這種雙重處罰讓我實在無法理解。願意赦免所有罪行的宗教，竟然會說墮胎是一種罪，肯定會讓人覺得是雙重標準吧。

・「如果現在懷孕的話，妳會怎麼做呢？」我曾經跟先生討論過，「我們都已經這麼努力避孕卻還是懷孕了，這樣的孩子該不會是『娃娃將才』[4]吧？」先生還問我該不會是聖母領報懷孕了吧？（笑）反正如果真的是這樣的話，我應該會生下來吧。「支持廢除墮胎罪是因為不想給他人定罪，但身為天主教徒的妳仍不會選擇墮胎，是嗎？」是的，這個問題在於認為墮胎是有罪是一個錯誤的想法，但是我自己是不會選擇墮胎。

當聽到「天意」與「娃娃將才」的瞬間，引發了我強烈的共鳴，忍不住笑了出來。這種自我暗示的想法，與我們不想生孩子的意志無關，而是我們不斷與無意識支配著我們「必須要生孩子」的傳統觀念抗爭著。雖然我也不想生孩子，但如果孩子「出現」的話，我想我也會，不對，是立刻，賦予這個孩子一個更特別的存在意義。

在與受訪者分享故事的過程中，我明白最重要的是，我渴望想要守護的生活模樣。

• 墮胎並不像吃飯一樣，是件稀鬆平常的事，但是以前偶爾會聽到男同學問：「如果墮胎幾十次的話會怎麼樣？」這就是根本不了解墮胎是什麼才會產生的疑問。因為就連在電視劇《M》[5]紅翻天時代長大的我，也曾經覺得「墮胎就會出現不好的事嗎？真的好可怕！」因為有了這個陰影，假使在煩惱究竟是否要生小孩的時候懷孕，大概也會覺得沒辦法，那就生下來吧。但是現在我應該會選擇不生，畢竟我應該有可以做選擇的權利

4 譯註：出自韓國傳統民俗故事。意指在普通平凡的家庭中出生，但天生具有超凡能力的孩子。

5 譯註：一九九四年由沈銀河主演的ＭＢＣ消暑特輯迷你劇場。劇情大意是被墮胎的胎兒記憶分子，同時也是男性人格的「Ｍ」，附身在另一個胎兒「瑪莉」身上誕生。他是邪惡的化身，對跟墮胎手術相關的所有人，進行一連串的報仇，並且散播伊波拉病毒，意圖使人類滅絕。

吧？我不想將「生孩子」這件事視為如此神聖。

我在國中的時候，也因為看了《M》，覺得「墮胎很不好，而且是可怕的事情」。之所以能夠擺脫這種觀念，是因為在二十歲後半時受了女權主義的洗禮。

最近不管在韓國電視劇或電影中，還是經常可以看到煩惱著要不要墮胎的女性，由於不得已的原因，下定決心要動手術前往婦產科。她們在看到胎兒超音波照片或聽到心臟跳動聲音的當下深受感動，（「天啊，這個小天使竟然是我的孩子！」「寶寶啊，我是你媽媽啊！」之類的深情告白，另外一定還要加上眼淚），最後就決定放棄墮胎。

就算是將人命視如螻蟻的女殺手也是如此，無論再如何艱困的情況，誓死守護胎兒是顯示女主角仍有善良本性的標準原則；相反地，如果打掉孩子或是拋棄孩子，就是狠毒至極又自私的「惡女」才會做出的壞事，假設不是狠心的惡女卻拋棄孩子，會一輩子活在悔恨與贖罪的生活之中，最後與孩子再度相見時，必定流下眼淚並請求孩子的原諒。

還有算命師對女客人說她被「嬰靈」纏身，讓對方心生畏懼後，要求必須付費祈禱或做法。在這個讓女性覺得墮胎是羞恥的罪行，必須得付出代價的文化背景下，做這些法事就像是利用人的自責感進行行銷。

不過，訪談中有兩位受訪者所經歷過的妊娠終止經驗卻很不一樣。

• 距離結婚不到幾個月前，我們自以為完美避孕，但還是懷孕了，因此動了墮胎手術。雖然先生那時說就生下來吧，但我並不想。「通常這種狀況，應該不會選擇人工流產，而是想反正都要結婚了，就把結婚日期提前，不是嗎？」我不記得當時的想法了，只記得這是經過痛苦思考後所做的選擇。因為被逼到極限，似乎遵循了本能，以最直覺的方式，選擇了對我來說最適當的選項。如果在結婚後因為避孕失敗而有了孩子，我或許會選擇生下來。我們雖然和以前一樣，覺得結婚了就應該生孩子，但這樣做也不必然就是幸福的保證。不久前，我還因為生理期遲到而買了驗孕棒來測試，內心也相當惶恐，幸好沒有懷孕。如果像我這樣對懷孕會覺得這麼不安的人，不要生孩子才是對的。

聽了她的故事，我了解到相信自己，並做出判斷是多麼重要的一件事。世界上沒有比把一個難以預測未來結果的人生下來更困難的事了。對於即將結婚或是已婚的孕婦，很多人就會忽視自己不願意生孩子的感受，而選擇生下來。因為生產和結婚就像綁在一起的商品一樣，對於懷疑或是拒絕生子的女性，就會被視為不正常或離經叛道。

在刑法上將終止妊娠視為「有罪」的國家裡，女性有可能必須冒著成為犯人的危險[6]，去做這件事。當知道有了身孕，家人和圍繞在身邊的社會傳統觀念，不給女性有自己判斷的時間，或是施壓讓她們無法判斷到底要不要生下來，而產生極大的壓力與痛苦，但是我訪談的女性們卻能正視這樣的痛苦，並且選擇了適合自己的路，我對她們堅守自己生活的方式感到尊敬。

• 登記結婚之後，馬上就懷孕了。當時如果生下來的話，是絕對無法好好養育孩子的，所以我在懷孕第五周就拿掉了。「第一次知道懷孕時，有什麼想法呢？」雖然事發突然，但是當時覺得很開心，因為是初期，所以還感覺不到任何變化。一發現懷孕時真的覺得很神奇，大概是我本來就是一個連豆子會發芽都會覺得很神奇的人，與心愛的人之間有了新生命，更是覺得很奇妙。

但是由於當時的狀況實在無法養育孩子，而且我跟先生也都這樣認為，所以根本沒有自責的餘地，對我們來說那是唯一的選擇。「手術過程中會不會覺得很辛苦呢？」院方的態度相當慎重小心，醫生只是問：「真的是無計可施之下的選擇嗎？是仔細思考後做的選擇嗎？」我們並不會覺得這個決定很奇怪，或感覺受到指責。

「不是有些團體，說應該要嚴懲墮胎女性及執行手術的醫生，甚至還會舉報醫院。如果當時有這種恐怖的壓力，妳會怎麼做呢？」當然會非常小心謹慎囉，可是最後應該還是會找醫院動手術，因為當時完全沒有第二條路可走。當時醫院曾提供一些資料，好像是法律規定有幾種原因准許墮胎[7]，符合其中一項才可墮胎的同意書。「在終止妊娠之後，覺得如何呢？」在電視上，我們看到墮胎的女人們都飽受折磨痛苦，但其實這與我的現實狀況不一樣。如果我感受到多一點的身體變化，或許會感到痛苦也說不定，但我是非常初期就拿掉，胚胎幾乎可說是就像細胞一樣的狀態，所以才沒有什麼感覺吧？而且當時真的不適合有生小孩，如果一意孤行的話，反而對孩子會覺得抱歉，也會更痛苦吧。所以雖然隱約有不太好的感覺，但並沒有太過痛苦自責。

我與這位受訪者是一邊吃著美味的午餐，一邊聊著這個話題的。聽到她說「知道懷孕時的心情很好，但是後來決定要動手術拿掉，也不會覺得自責」這句話，我一點也不覺得奇怪，因

6　譯註：二〇一九年四月十一日憲法法院判決墮胎罪不符合憲法，刑法第兩百六十九條第一項及第兩百七十條第一項的效力於二〇二〇年十二月三十一日後自動失效。

7　《母子保健法》第十四條（人工流產的許可限制）第一項△本人或配偶在優生學或基因遺傳上有精神障礙、身體疾病或傳染疾病的情況△強姦或準強姦而導致懷孕的情況△法律上無法結婚的血親或姻親之間懷孕的情況△懷孕會嚴重危及母體健康的情況等，在二十四周以內允許施行人工流產手術。

為她是在非常理性的狀態下，思考了自己、胎兒與配偶的情況後，做出了對所有人來說最佳的選擇，所以不會沉浸在自我憐憫與罪惡感之中。

澳洲社會學研究學者艾瑞卡．米勒的《妊娠終止：圍繞再生產周圍的情感政治史》中分析，隨著終止妊娠，女性會感到的羞恥心、罪惡感、悲傷等並非「自然內建」的情感，而是政治的產物。換句話說，她認為曾接受終止妊娠的女性，得一輩子為「未出生孩子之死」哀悼，是受到「以胎兒為中心的悲痛」的觀念所影響，這是一九八〇年代中葉形成的現象。隨著反對妊娠終止運動的高漲情緒而形成的框架，最後衍生為以反對墮胎為主要訴求。對經歷人工流產的女性，給予她們「羞恥」做為處罰。

米勒表示：「當我們對於終止妊娠沒有是非對錯的絕對判斷標準時，曾讓接受終止懷孕和流產女性所產生的羞恥心與罪惡感，也終將消失。」

與有過妊娠終止經驗的受訪者會面結束沒多久，我讀到了在這本書中引用了女權主義作家兼廣播主持人的克萊門廷．福特的文字。曾兩次終止妊娠的她說，如果照著世界的傳統觀念來看，自己應該要「一輩子都跪倒在地，不斷祈求全世界的原諒，以低人一等的姿態活下去」、「認定自己就是殺嬰兇手，必須處於極度的痛苦與憂鬱之中，不能被原諒」。

然而，福特表示世人應「收回」並且「拒絕接受」強加在所有妊娠終止女性身上的印記，不該讓她們產生強烈的羞恥心。她說：「我竭盡全力做出對自己最好的選擇，也不覺得有任何需要感到抱歉的事情。」這樣強而有力的宣言，也希望能分享給與曾經歷過妊娠終止，或仍為此煩惱的女性。

如果在網路書店搜尋「頂客」，會出現《創造神話的希丁克四強英語》、《希丁克式英語會話：六個動詞打天下》[8]。來自荷蘭的足球教練希丁克，在英語教育界裡竟是如此偉大的名師。搜尋「不生產」的話，則會出現「產後瑜伽」的影片。

在幾經搜尋後才找到《我決定不生孩子》，這是一本匯集一九六〇年代美國數位成年女性，在進入六十歲之後無子女生活的隨筆散文集。看到這本書的封底，我忍不住笑出來，因為上面標示著大大的文案：

不是所有女人都要當媽媽。

世界上有三種女人：
天生當媽的女人、天生當阿姨的女人，
以及不能靠近孩子周圍半徑三公尺的女人。

距離要大於半徑三公尺的第三種女人，橫豎怎麼看都是我啊？可是我看到下面用著稍微小的字體寫著：

現在就讓我們來看看
那些天生當阿姨、
選擇不生孩子的女性故事。

不對，我就連當阿姨的料都不是啊！雖然我有兩個外甥，但我不會打視訊電話給他們（雖然曾經接過他們兩次電話，但是卻陷入冗長而尷尬的沉默中），更不會上傳他們的照片到SNS上。等到外甥年紀大一些，我想他們如果聽到「去找阿姨唸故事書給你們聽」，可能會藉口要去洗碗而直接落跑吧。

我總是希望和孩子待在一起的時間能夠快點過去，也希望自己永遠都不會是要照顧孩子時唯一的大人。

閔夏：「曾經產生因為不喜歡小孩而認為自己是壞人的想法嗎？」是啊，從國高中

8 譯註：頂客與足球教練希「丁克」在韓文的發音及寫法是相同的。

時期開始，我就不怎麼跟小孩子說話，也不覺得他們可愛。其他朋友看到小孩子時，就會說「哇~好可愛」，但是我卻有種置身事外的感覺，我從來沒說過小孩很可愛。的確曾經也想過難道我是個奇怪的人嗎？我是不是個性太糟了呢？

我對閔夏的心情非常能感同身受，也曾懷疑是不是自己的個性太差。但即使看到孩子只是默默地遠遠站著，也不要覺得自己有問題。反而妳只要說「哎呀，真可愛！」就會遭受「妳現在也差不多到了該生孩子的年紀了」的攻擊！笨蛋啊，妳根本不知道最可愛的孩子其實是別人家的孩子……

話說回來，在訪談的過程中，我知道選擇不生育的女性，並不是都像我一樣，想要離孩子越遠越好。在寫作班當老師、學生年齡遍布小學到高中的英智，與曾經是特殊教育教師，熱愛自己工作的善宇，敘說她們看著孩子們成長的快樂。

英智：我沒辦法說自己喜歡小孩，但是我想要看到孩子們有所成長。許多大人總是堅持己見又十分頑固，但是孩子們卻會受到外在影響而漸漸變化。從這點來看，會讓人很有成就感，而且我很喜歡和孩子聊天，以前在補習班工作時，我也很喜歡和學生做諮商。從一開始根本不了解孩子，但透過聊天而了解他們的世界，然後將他們的想法運用在工作中，是一件相當有趣的事情。我大概因為是帶著老師的心情和姪子在一起玩，所以在讀故事書給他聽時，自己也覺得跟孩子相處還不賴。雖然也不是一直都很有趣，只是不會覺得很辛苦，而是把這件事當成「實習」。

善宇：我曾經在一所中小學的代案學校[9]工作，我很喜歡孩子們告訴我一些我從未想過的想法。聽著他們那些天馬行空、充滿想像力的話語，總讓我連連點頭贊同，真心覺得和他們對話很有趣，就算同樣的內容一再重複，仍能發現新意，邊聽邊覺得「他們怎麼會有這樣奇特的想法呢？」

現在我會想好好聽姪子或身邊的孩子說話，並且努力做一個好阿姨。要一直重複聽相同的話好幾遍，一般的父母肯定會覺得很累吧，可是我會想盡全力傾聽孩子們說話。

9 譯註：代案學校是體制外的學校，類似台灣的實驗學校，採取替代方案教育。

而身為小學教師的道允則表示，「喜歡小孩」和教導孩子是兩碼子事。

道允：我認為「喜歡」是一種對於特定對象的情感，但是對不喜歡小孩的人來說，並不會特別覺得孩子可愛或純真，只是一種「單純的存在」而已。

我在與道允見面之前，就已經知道她是一位相當有責任感、和孩子們處得很好的老師，我也很羨慕她的學生覺得和她一起玩很有趣。不過，我很好奇這些平時近距離接觸孩子的女性，選擇不生孩子的內心想法。

道允：對學生家長來說，知道「今年這個老師不會去生小孩」是很重要的。確定在學期中不會有換班導師的可能，就會覺得放心許多。但是和孩子們談到不想生小孩這件事則會有些麻煩。當學生問「老師為什麼沒有小孩呢？」如果回答自己不想生小孩，他們是無法理解的。「我媽媽因為生下我而感到幸福，我也覺得被生下來很幸福，為什麼老師不會這樣覺得呢？」他們會帶著這樣的疑問，但是我沒辦法對他們說：「我沒辦法因為有孩子而覺得幸福」，所

以覺得有些糾結。「向孩子說明不生孩子的女性也很棒，不是也很有意義的嗎？」我也是這樣想，所以沒有刻意要隱藏這個事實，有時候也會直接表現出來。「請問在學校課程中，是否有教導孩子正常家庭的意識形態或是鼓勵生育的內容？」在四年級的社會課中有兩三個小時以「低出生率問題」為主題，要孩子們畫「改善低出生率」的海報，這可以說是一種洗腦吧，我的心情真是五味雜陳……（笑）

她們雖然都不是母親，但是在各自的世界中都與孩子們維持著良好的關係，也為了給孩子帶來良好影響而努力著。另外，宰卿的故事也讓我從「喜不喜歡小孩」的提問，到無法忽視「會變成什麼樣的大人」的回答。

宰卿：我覺得我沒辦法成為一個好的養育者，但是我很喜歡我的姪子和小孩子，所以我應該可以成為優秀的輔助養育者，或許就是個「奇怪的阿姨」之類的。（笑）

因為否定所有父母都是完美的，一定有不足之處，我覺得多接觸各式各樣、另類的大人，對孩子來說是件好事，何況作為輔助養育者，我的角色對姪子們也非常重要。

更重要的是，為了主要養育者的精神健康，我的角色是必要的。我有朋友因為在家帶小孩而沒去上班，就連想要外出都很困難，只能和身邊的媽媽們聊聊媽媽經。偶爾我去找她，她說能和了解自己在當媽之前的人聊天，感覺真好。我想，為了媽媽和孩子，這樣的休閒與放鬆時間是必要的。

再回到《我決定不生孩子》這本書，封底文案是摘自《享受吧！一個人的旅行》的作者伊莉莎白．吉兒伯特寫的序文。雖然她「天生當阿姨的我們」這句話讓我感覺像被排擠一樣，但不管怎樣，在這段文句中最重要的內容如下：

如果你把孩子放在我面前，大可以放心，我會好好哄著孩子、陪他玩、愛著他，但就算我是如此愛著那美麗的孩子，內心也相當清楚，這不是我的命運，絕對是命中注定沒有的。

而且因為知道這是真的，我也覺得微妙的歡喜。就像是人活著知道自己是誰一樣，知道自己不能成為什麼也是非常重要的。

這點我完全同意。

逛超市的時候，不知道從哪裡傳來吼叫聲，我無意識地轉頭看向聲音來源。看見大約是一個五、六歲的男孩，正對著媽媽大吼：「媽媽不是說好了要給我看手機嗎？為什麼不給我看？」

現在很多孩子喜歡用手機看影片（像是汽車、小企鵝Pororo、偶像明星等），我們也常會看到有很多媽媽會和孩子約定「你好好吃飯／安靜／把東西給弟弟的話，就給你看一下手機」。所以我大概可以猜到是什麼狀況，但那孩子的媽媽不知道因為什麼理由，一直不給他看手機，孩子仍在大吵大鬧。

「不是說好要給我看嗎？不遵守約定壞壞！媽媽好壞！」

我站在遠處，在內心大聲地為孩子的媽媽加油，然後加快腳步往別處走去。

當父母真的是一件相當辛苦的事，已經為人父母的人可能會說「不要瞎擔心！」但是我沒有信心能撐過無法用正常人的方式來對待孩子的情況。

葛莉塔．潔薇導演的電影《淑女鳥》（*Lady Bird*）中，主角為十多歲的少女克莉斯汀向媽媽瑪莉安問道：「我知道媽媽愛我，但是您喜歡我嗎？」我以前也曾經有過類似的疑問，我肯定媽媽是愛我的，但是我是媽媽喜歡的人嗎？只是，現在我認為這一點已經不是那麼重要了。

因為我知道如果我是別人，媽媽肯定不會喜歡我，但媽媽因為我是她的女兒而盡心盡力付出一切。我和那樣的媽媽一路從小吵到大，而成就了現在的我。但是換我當媽媽又是另外一回事了。即使我生下孩子，他終究是另一個獨立個體，即使在我犧牲所有撫育他成長，假使他未來與我期望中的模樣不同，那時我能承受嗎？

善宇：我的爸爸是一個非常權威的人，所以我在國高中時經常和他吵架，吵得兇的時候，甚至有兩三個月不會坐在一起吃飯，彼此也不交談。每次在我們中間當潤滑劑的人就是我媽，但是她在我二十歲出頭時就過世了。

失去媽媽後，我獨自在異地生活，我和爸爸各自面對與媽媽死別的沉重傷痛，但也使兩人的矛盾浮上檯面，每次吵架都吵得像是要老死不相往來一樣。

在那段時間裡，我產生了這樣的想法：如果生了一個和我意見分歧的子女，是多麼辛苦的一件事啊！不過，現在我知道爸爸為了我們的關係付出了許多努力，所以只要覺得我們快要吵起來了，雙方就會各退一步。其實年紀大的人要改變會比年輕人更困難，可是媽媽過世之後，爸爸不得不改變。之後，我也開始思考，當我成為媽媽以後，如果和子女發生衝突，這不只是心靈覺得受傷而已，還有我是否可以承受的問題。

雖然聽起來好像是無謂的擔心，但是我看到新聞中那些看起來是正直又誠實的人，居然會為了子女做出非法或是不道德的事情，不禁感到很可怕。為了要讓孩子繼承財產、為了捏造子女的學經歷、為了讓孩子順利就業，不惜動用自己的人脈與權力的那一刻，他們原先所秉持的那些信念和價值觀又在哪裡呢？

如果換作是我，比起孩子的利益，我能優先守護我的信念嗎？」幸好我既沒有人脈也沒有權力，不太可能會面臨這樣的問題，可是對於孩子的教育，我也沒有信心可以恪守原則，套用在自己孩子的生活中。

難道我真的能做到不在意孩子的成績，拋開過度的補習文化，放手讓孩子走自己的路嗎？對於在學校與補習班裡任教與觀察過無數孩子的英智與道允來說，這也是相當困難的問題。

英智：不知道是不是在補習班工作太久的關係，我認為「教養」對孩子來說，是一件相當暴力的事情。當然這並非是說大人就是壞、父母就是不好，父母對孩子會有期待是非常自然的。不過，世界上真的會有「讓孩子就照他想要的方式，自由自在長大」的父母嗎？所以如果我有孩子的話，我可能會以「老師的思考方式」來教育他吧。

在我教過的國高中生裡，也有一些學生曾經對我說過「幸好老師沒生孩子」、

「像老師這樣把孩子逼得那麼緊，他們會受不了的」這種話。（笑）「在韓國社會裡，想要讓孩子將來在社會上好好生活工作並且出人頭地的話，不都要投入很多時間與金錢嗎？打著「教育」的名號，好像不管施行什麼暴力都可以，或者說我也擔心會放棄自己現有的價值觀」

在工作中我曾看過許多父母，發現人似乎一旦有了孩子，就會有相當大的弱點，我沒有自信能承擔這樣的弱點。因為孩子而必須改變自己的價值觀，或是自我合理化，光想到看見這樣的自己就會覺得非常痛苦。

道允：以前我的父母如果看到我在看漫畫的話，就會把漫畫撕了，他們非常重視我的學業成績，所以那時的我很不快樂，因此我也不想對孩子做出這樣要求。聽說過有孩子才上小學，就被逼著不能睡覺，要讀書到半夜一點才行，而且還覺得「爸爸、媽媽很愛我，才會送我去補習，所以我很幸福」。因為在這個年紀，學習到的是必須要感謝父母給予的一切、不可以拒絕父母要求的事、必須要孝順父母。

我曾經跟朋友們說過，如果以後我有孩子的話，我只希望他的課業成績在班上中等程度就好，其他就去做他自己喜歡的事，享受平凡的生活。可是這種奢望在韓國真的做得到嗎？孩子長大成人以後，會對自己這樣的生活感到滿足嗎？老實說，我也不清楚。

要在他們口中的「韓國」社會養育一個孩子似乎是多麼困難的一件事。我見過的人之中，最適合以「外柔內剛」一詞來形容的珠妍這麼說道。

「我不是因為覺得育兒很辛苦才不生孩子的，而是看了最近的孩子，認為自己實在沒有自信能夠好好養育他們，才決定還是不要害了下一代。」

珠妍：看到給別人造成麻煩或是傷害的孩子，我就會想：「他父母到底是怎麼教孩子的啊？」但是他的父母可不一定都是奇怪的人啊！大部分的父母都是正常且平凡的人，但是他們的孩子走偏的情況卻非常多。隨著時代演變，媒體管道多樣化，孩子可以接觸到各式各樣的事物。因此，能影響孩子成長的要因不是只有我而已啊！

最近不是有出現「咖透監獄」[10]這類的網路霸凌來排擠某些孩子嗎？我根本無法了解孩子手機裡的世界，如果我孩子真的做了什麼壞事的話，該怎麼辦呢？何況打罵也要看年齡啊……光是想到孩子的個頭已經比我高大，我還得抬頭訓斥，就覺得頭昏眼花了。在這樣的環境中我們沒有孩子，真是太好了！

宰卿推薦我看安德魯・所羅門的《背離親緣》（*Far From the Tree: Parents, Children and the Search for Identity*）這本書，內容是作者歷經數年的時間，針對超過三百個「父母正常但孩子卻有異常情況」的家庭，進行深入且多次的訪談，這些孩子包括有唐氏症、思覺失調症、重度障礙、天才兒童、跨性別等。

宰卿：大部分同性戀者都有著異性戀父母，很多四肢正常的父母卻生出有身體障礙的孩子，也有很平凡的父母卻生出了天才的情況，所以像這樣父母與子女的關係，我實在無法理解，而且差異頗大的彼此在生活中得不停地摩擦契合才行。

要說親子的「不同」究竟會對我的生活帶來多大影響，生不生孩子可能是自己的選擇，但是生下什麼樣的孩子就不在我能選擇的範圍啊！在聽有孩子的同事聊天時，我也會感受到他們在面對自己比較喜歡的子女和跟自己比較不投緣的子女時，那種左右為難的感覺。所有人際關係都會有難處，有的人善於隱瞞，但也有人卻完全無法隱藏。

10 譯註：kakaotalk 是像 line 一樣的通訊軟體，這裡指的是被邀請進聊天群組後，想離開卻無法離開的狀況。

其實有時候我也會想，是不是自以為想要過「完美的生活」，所以才選擇不生小孩呢？因為想要盡可能避免左右為難的情況、減少生活中的矛盾，所以如果我的欲望與「另一個個體」孩子的欲望經常發生衝突的話，就無法維持我所期望的平衡。

我害怕地仔細觀察那個不成熟又自私的個性之後，才發覺原來自己的能耐也不過如此而已啊。現在雖然知道了，但我還是想要得過且過地生活。

仔細想想我真的能夠不怒吼，冷靜地說服在超市裡大吵大鬧要看手機的孩子嗎？或許有人會對著我說：「即使如此還是自己的小孩可愛」、「只要遇到，誰都可以做得到」、「反正天下沒有完美媽媽，不用太擔心」，然而這種話，對我並沒有什麼太大的安慰效果。反而在知道不是只有我有「當媽媽」的恐懼後，內心才感到相當大的安慰。

廷媛：我想我沒辦法承受像「孩子」這種巨大又有著不確實性的存在。除了孩子出生後，我的人生得重新調整之外，對我來說，不知道這個孩子會是個怎樣的孩子，更是一種未知的恐怖。

看完電影《凱文怎麼了》之後，覺得實在太可怕了，所以就問媽媽說：「如果我生了一個我真的拿他沒輒的孩子，該怎麼辦？」媽媽非常樂觀地回答：

「你和朴女婿的孩子才不會那樣呢！」（笑）所以我又說：「哎呦，媽媽，您那是什麼話啊？我是說那種刮中樂透頭獎的感覺很可怕！」

雖然我決定不生小孩的決心到達百分之九十八左右，但其實內心並不是一直都很平靜又怡然自得的，沒想到在看《蟻人與黃蜂女》（*Ant-Man and the Wasp*）時，竟會如此揪心。每當看到身為英雄的黃蜂女，無法和為了執行任務而離開自己身邊的母親珍妮特見面，兩人彼此想念的場面時，我的心彷彿被針刺一般地隱隱作痛，我對自己竟然有這樣的反應感到驚訝。這並不是沉浸在她們因為見不到面而心急如焚的心情之中，反倒是覺得那是一個不屬於我的故事。

某天看到有線電視台播映的《媽媽咪呀！》，湧現出與二十多歲時看音樂劇時截然不同的感覺。唐娜在女兒蘇菲婚禮的當天早上，一面梳著頭髮，一面唱著《從指縫中流過》（*Slipping Through My Fingers*）的那一段場景，我感到一股前所未有的失落感，我這輩子都不會有這樣的關係，也無法實際感覺那樣的感受，卻不知道為什麼感到有些悲傷。

世界上有許多故事、小說、散文，而且尤其是適合普羅大眾觀看的電影或連續劇，常會操作媽媽與孩子之間的親情，很多時候能讓故事往下繼續發展的最強大的力量，就是「母愛」。雖然我身為女兒，但卻從未當過媽媽，有時候會因為永遠無法真切了解的那個世界，而感到有些若有所失，那麼其他無子女女性又是如何呢？

昭妍：我每次都看得一把鼻涕、一把眼淚啊。（笑）因為我和父母之間的感情很深厚，所以經常站在子女的立場來看這些故事。的確，如果從父母的立場來看的話，會是相當不一樣的。

閔夏：嗯……母愛？老實說我不太有共鳴，如果是父母患有失智症的電影，那真的會感覺非常難過，可是如果是尋找走失女兒這類的故事的話，可以說是不太會帶有什麼感情來看的吧？

勝珠：我非常不喜歡。現今的電視劇大部分都強調母愛、父愛，而且都一直強調性別刻板印象，好像那樣才是正常的。如果不這樣生活的話，就被視為異類。另外，還把這世上不平等與不近情理的許多問題都包裝成是感情問題。有時候我會覺得，這些媒體是可以這樣任意把「垃圾」丟給大眾看嗎？我看到這些節目就會在節目留言版上抗議，要求立刻停播這樣的節目。

英智：超級、超級討厭，一點都不有趣，也覺得很膩了，可是看了又會跟著哭。（笑）總而言之，我認為他們實在是太缺乏想像力了。

通常我們看韓國電影，女人會變得冷酷無情的理由全都是因為失去孩子，我想人們賦予了這種模式相當多的意義。「妳在生活中有什麼特別強烈的經驗嗎？」製作這種電影的人通常不都是男人嗎？他們或許不太清楚，有些媽媽可能不會愛孩子到願意付出自己生命的程度也說不定……（笑）

「妳覺得人們唯獨在描寫母愛時才會特別誇張嗎？」是啊，但是大家似乎都已習以為常，也喜歡這種方式的呈現。其實我非常討厭「用孩子來認可母親的存在意義重大」的敘述方式，彷彿沒有孩子的女性就不能完整一樣。教學時只要看到孩子讀的課本上，有媽媽從頭到尾只穿著圍裙的圖片就會刻意忽視，這樣的女性形象實在太過平凡無奇了。

廷媛：每次在戲裡看到，父母從頭至尾都為子女擔心不已的場面，都會深深覺得「這種事我真的做不到啊……」（笑），對大部分的人來說，母愛或父愛的確背後是有著強烈且壯烈的情感。

不久前，我在某次聚會中認識一個朋友，她說她生產時因為大量出血而被轉送到大醫院的事情。那時真的是生死交關的情況，她說因為她還有兩個孩子要照顧，所以心想「我絕對不能死」，如果不是抱著這樣的信念，可能會沒辦法活下來。

聽了廷媛的分享之後，我想起了幾年前看過某位女性記者寫的專欄，回家後馬上找了出來。

不久前看到了之前因生產請假，才剛復職不到一週的公務員就過勞死的消息，當下我腦中浮現了某一年的冬天，那時生完第一個孩子剛復職沒多久，我在武橋洞十字路口等紅綠燈時，突然哭了出來：「啊，原來我已經失去自殺的自由啊！」因為有了不管怎麼樣都要活下去把孩子養大的想法，令我感到相當害怕。當時我站在路邊痛哭失聲的心情，大概就和那位公務員是一樣的吧。[11]

「啊，原來我已經失去自殺的自由啊！」我清楚地記得寫這篇文章的人是位母親，以及這一句痛徹心扉的告白，曾縈繞在我內心好長一段時間。在我的人生中，無法感受到這種不顧生死的感覺，卻讓我在覺得安心的同時，也感到一絲失落，這種失落感連結了我無法完全理解這個世界的恐懼，即使是現在，我偶爾也會感受到那樣的恐懼。

雖然我真的很喜歡《媽媽咪呀！》，但只要想起這部作品，我便無法輕易忽視內心裡泛起

11 朴善英記者，〈36.5：只有我獨自準時下班時〉，二〇一七年二月三日，韓國日報。

的一陣苦澀。當意識到自己不屬於所謂「一般」的故事中，發現世界上大多數人是生活在我不了解的世界時，不知道為什麼會變得有些焦躁。

但是，現在我是這麼想的：不論是誰，都不可能在所有故事中找到與之相應的點，並能佔有一席之地，想要完全了解這個世界，這不會太異想天開了嗎？我選擇了這個世界的自由，關上了通往另一個世界的大門，如果是因為和我相似的故事太少而感到心酸寂寞的話，那麼我就來述說我的故事吧。

有部電影《青春倒退嚕》（*While We're Young*），主角是曾經備受矚目的紀錄片導演喬許，和紀錄片巨匠的女兒、同時也是製作人的寇妮拉，一對沒有孩子的四十多歲夫妻。兩人雖然表面看似自由、穩定，但是實際上不管是工作或是生活都停滯不前。

在偶然遇到了文藝青年夫妻檔的傑米與黛比後，深深被他們吸引，還著迷於腳踏車、Hip-pop舞蹈等運動，甚至是奇怪的藥物意識。喬許與寇妮拉為了追趕上年輕人的世界，他們在生活中出現各式各樣的出糗、不安、傷痛，卻也帶給他們些許成長，最後還去海地領養孩子……嗯？

我第一次看這部電影時，發現原來成熟的終點竟然是「領養孩子」，而受到了衝擊。沒有孩子、對未來沒有計畫，生活在文化界的邊緣，憧憬著年輕的同時，又想擺出大人姿態的主角，彷彿就像是我的化身，與我的共鳴達到了最高點。可是最後這樣的主角竟然說，真正成熟的大人就是要成為父母！那我不就永遠都沒辦法成為大人了？在那之後有時還是會想起這部電影，卻提不起勇氣再看一次了。

不過，五年後我又再看了一次《青春倒退嚕》，已經忘記的情節又再度變得清晰，我回想起了錯失的重要部分。

因為幾次流產與試管受孕手術失敗，決定放棄懷孕的寇妮拉假裝已經釋懷不會有孩子這件事，實際上卻感到空虛不已；而覺得自己現在這樣很好，表面上看起來不以為意的喬許，實則因為覺得自己沒有成為「真正的大人」而感到不安。喬許在看到年紀稍大才有孩子的朋友夫妻，他的心也開始動搖了，他朋友甚至還在手臂上紋上了胎兒超音波的照片。「你們也生一個孩子吧」、「世界會全然不同」、「沒有孩子的世界雖然也不錯，但是有個孩子之後才像是擁有真正的人生啊」呃啊啊啊啊！

身為一對沒有孩子的夫妻在迎接四十歲之後，會有一種很奇怪的感覺。由於我和先生並不需要進公司上班，又沒有孩子，所以對時間流逝的感覺非常遲鈍。其他同齡的夫婦大部分會一起經歷孩子出生、成長、上幼兒園、上小學後一年級升上二年級，因而能感受歲月的變化；但是我與先生卻和三年前的生活幾乎一樣，沒有任何改變。

我們兩人年齡相仿，生活非常單純，有時候甚至會擔心在沒有極大變化的日常生活中，我的精神年齡到底停留在幾歲。而且最常對沒有為人父母的人，特別是沒有當媽媽的女性說的那些話，就像是往對方的心中丟石頭，試圖引起波瀾，「要當父母才能變成大人」、「你沒經歷過所以不懂」、「你生個孩子就會了解了」等。

道允：那些話我聽過很多次了，所以我的反應就是先下手為強囉！「反正我還不懂事，所以不想要孩子，不過如果懂事的話，還會想生孩子嗎？」用「生完孩子才能算是大人」來攻擊的人，就是認為我現在還不懂事，所以我就拿他的話來反擊。反正我不認為自己不懂事，所以並不會覺得怎麼樣，何況這只是他個人認為我還不像個大人而已，我根本懶得理他！

宰卿：長輩們經常說這種話啊，但我也不是特別尊敬這些人，所以並沒有想太多。對我來說這些話沒什麼影響力，而是很想要反駁：「要不然你想怎樣？」可是看到比自己年紀輕的人因為這些話而感到受傷，就忍不住覺得心痛。「那些話只不過是隨口說說而已，一點意義都沒有啊！如果那些話是正確的，社會還會是這副德性嗎？」（笑）

英智：很多學生的媽媽會對我說：「因為妳沒當過媽媽，所以才不知道。」但是我也想過當了媽媽以後，還需要了解什麼呢？能阻止這樣想法的又是什麼呢？如果當媽媽後，變成與現在「不同」的大人，那麼世界又會變成什麼模樣啊？世界上大多數的人不都是為人父母的人嗎？這些人所創造的這個世界，在我看來也不是多美好啊。

認為當了父母就會過不一樣的生活，成為必須保護脆弱孩子、更有責任感的大人，也未免想得太美好了吧。與其說成熟，反而是更顯示出這些人不成熟的一面，而且以家庭為中心的生活觀真的很狹隘。

如同她們所說的，我們都知道當了爸媽並不代表就能成為聖人，比起懷抱著成為「好父母」而決心生孩子的人，更多人是在偶然下意外成為父母的。

有時候我會懷疑既然身為父母的人是成熟大人的話，那麼母愛與父愛是否能夠跨出自家大門，成為創造更美好世界的動力呢？但事實並不然，所以那些認為生孩子是開啟成熟大門的人，反倒證明了自己不成熟。

只是對我而言，內心一直有著消散不去的恐懼，因為我並不具有「一般人有的普遍經驗」，身為文字工作者，如果對於人的理解度不足該怎麼辦？

讓我們來聽聽和我相似，身為創作相關職業的廷媛與寶拉各自的立場吧。

廷媛：大學時教現代詩課程的教授是位女性，她曾說：「在養育孩子的過程中，似乎喚醒了作為詩人的感官，並從孩子身上學會了什麼是單純的眼光。」因為這是我沒有經歷過的人生階段，所以有些無法理解，卻不會有太大的遺憾。

「在長大成人之後，不是會有變得遲鈍或是會遺忘某種感覺嗎？不過，似乎看到他對世界充滿好奇心，而學習成長的過程中，有時候那種驚奇感也會在我們體內再度復甦。」可是也不能因此就把孩子視為是一種滿足大人成長和個人想法的手段吧。孩子本身有他存在的意義，如果只是為了要充分體驗寫詩的感覺而生孩子的話，似乎有些不太恰當……養孩子和養狗狗可是完全不一樣的事！

寶拉：雖然大家說：「藝術家就算不懂事也沒關係，」但卻又告訴我說：「生了孩子以後，才會創作出真正的作品，要經歷過生子，你才會成為真正的大人。」會講這種話的人真的超～級～多。

「養兒方知父母恩」，要養育過小孩，內心煎熬痛苦過，才會了解生活的困難和對父母的感謝，大部分的人幾乎都有這樣的想法。

現在我和先生兩個人錢賺得不多，兩個成人沒飯吃和讓我的孩子餓肚子，這種感覺是不一樣的。因為大家都相信，想要人格成熟的話，就得要生養孩子，所以這觀念才會持續流傳下去。

有時候我也會覺得自己受到這些話的影響，產生了「因為我沒有孩子，就沒辦法成為成熟的人了嗎？」「如果我沒辦法成為好的大人，該怎麼辦呢？」

類似這樣的恐懼。

我同意廷媛的話，同時對寶拉的恐懼也身有同感。《青春倒退嚕》裡的喬許吐露自己對年輕有才的傑米深深感到著迷的原因。

「他視我為真正的大人，他讓我從出生到現在第一次感覺到，我不再是一個模仿大人的孩子。」

隨著年齡的增長，想要成為一個真正大人的欲望，使我們感到焦躁不安。因為沒有孩子，在很多時候是不用負擔大人的身分，所以覺得還挺不錯的，但一方面卻又擔心自己不能成為一個好的大人。對於心中這樣複雜的為難和糾結，珠妍的回答最讓人感到寬心。

珠妍：當爸媽是一件非常需要耐心的事情，而且有孩子的家庭就是一個小社會，卻也是一個我無法經歷的社會。

當孩子做出這樣反應的時候，媽媽得相應做出調整與妥協，這些都是我從未經歷過的情況，所以偶爾看到有孩子的朋友或是熟人，便會產生「啊，看他這樣子真是一個大人啊」、「這人比我更成熟呢」的感覺。

有孩子的人組成了一個我無法參與的社會，他們身在其中會經歷更多的碰撞，即使那些不一定是具有正面意義的「成熟」，但也不得不承認，可以看出他們在養育孩子 before & after 的差異存在。

重新再看一次《青春倒退嚕》，我對於喬許與寇妮拉的徬徨深有同感，同時對在他們兩個面前，恣意炫耀著孩子的朋友夫婦，也有了再次對他們的生活仔細觀察的機會。

有一天有孩子的夫妻倆在家裡開派對，卻沒有邀請最近總是忙著和年輕新朋友們玩在一起的主角兩人。孩子的媽媽對好不容易抽空準備驚喜而來，內心卻感到被排擠與忽略的寇妮拉說：

「我覺得自從有了孩子以後，我們的距離好像變遠了。如果妳有了孩子，一樣也會感到孤單與疏遠。」

看著喧嘩吵鬧的客人，寇妮拉有些無語。

這時候我似乎明白了，就像是沒有孩子的人會有孤單的時候，有孩子的人一樣也會有感到孤單的時候。

每個人的人生都帶著各自的重量與孤獨，即使如此，仍要有能理解他人的心，彼此的關係才能延續下去，若願意擴大自己的理解範圍，同理更多人的話，這才是「成熟」的真義。

在聽了姊姊對我說「如果你也生一個孩子的話該有多好」的話，而沉寂片刻的我，隨著時間的推移，我的心意反而更加堅定：「我的人生只想花費在我自己身上！」另一方面，我又覺得，比起忙著養育孩子的人，我也多了一些時間，是不是應該為世界做些有意義的事呢？

然而，別說是有意義的事情了，我就連自己迫在眉睫、火燒屁股的事情都沒辦法解決了，根本也管不了那麼多。我做事總是慢半拍，有時候還有「拖延病」的情況，之所以還能夠艱困地繼續向前邁進，我想就是託我沒有孩子的福啊，（因為懶惰）時間很多，（賺不了什麼錢）也花費很少的緣故吧。

其他無子女的女性又是如何呢？我詢問了大家，是否覺得自己比有孩子的人在經濟上或時間上更有餘裕，現在和未來又會想要如何使用等問題。

宥琳：因為我沒有孩子，覺得更應該要好好享受生活，如果不能盡情享受這種自由的話，似乎就會有種吃虧的感覺。不管怎麼說，至少那種強迫自己應該要多存錢，增加資產的感覺沒那麼強烈，所以可以更專注在自己的欲望上。我喜歡旅行，未來幾年想和先生去海外旅行，走遍想去的地方。

伊善：我的生活並沒有任何改變，但別人好像會因為孩子而變得忙碌或是增加支出。例如：通常要買小學附近的房子，價格不是會更貴嗎？幸好我們不一定要住在那裡。因為沒有孩子，所以也沒有一定要賺很多錢的理由，心情上比較輕鬆。

宰卿：我身邊大多數有孩子的夫妻，在經濟上都比我寬裕，因為他們會買房子，總資產算下來都比我更多；而在時間或是收入方面上，雖然是我比較多，但不表示我過得比他們好，不過他們卻總是說生活很辛苦。在時間上的餘裕我就很有感了，因為有孩子就沒有自由。

「那妳怎麼利用這些時間呢？」主要是拿來投資在人際關係上。現在是我職涯中的黃金時期，所以會盡可能多和人們見面。像我昨天去總公司開會，就和總公司的同事一起吃午餐，再去江南開幾個會，和記者朋友見見面，和後輩共享晚餐並喝杯小酒，一天下來見面談話的人就超過三十位了。

漢娜：幾年前，公司想要派我去印度舉辦的展覽會，需要出差超過一個星期。當時先生覺得印度太危險了，感到很擔心，但我告訴他：「我以前曾經去那裡自助旅行，印度是個很棒的地方！」並且告訴他我會接下這個工作，結果先生便向公司請假跟我一起去印度出差了。如果有孩子的話，肯定沒辦法這樣說走就走了。

另外，在先生四十歲那年，我們打算去歐洲旅行兩個月作為他的生日禮物。當時先生向公司申請留職停薪卻被拒絕，所以他猶豫著要不要辭職。我不知道是哪來的勇氣，竟對他說：「那就辭職吧！如果現在不去，我們不知什麼時候能去？」沒想到先生居然真的提出辭呈，結果公司卻意外地准他休假。那次旅行真的非常有趣。那兩個月我們不僅零收入，還花錢如流水，雖然荷包大失血，但是在旅行中發生許多有趣開心的事，就算過了好幾年，現在聊天時偶爾還是會提到，我們都不後悔當時的決定。

而且我們兩人都非常喜歡滑雪，也已經買好今年冬季的滑雪券了。我明年想要試試看潛水，等到小額定存滿期後就會拿去買裝備。如果我有小孩，就得要存孩子的教育費，這些夢想應該不太可能實現了。

善宇：我非常喜歡旅行，每年都會出國旅行一次，也會和朋友每年去旅行一次。有時候會和先生一起去，也很喜歡單獨旅行，有時候當天來回，有時候也會去個兩天一夜的小旅行。我每隔一、兩個月得去首爾的醫院回診一次，那時候就會連著周末抓個三天兩夜，和住在首爾的朋友見見面，或是看看公演之類的。但是如果有必須全心全意照顧的家人，就很難做到了。現在的我如果想做任何事，都只要考慮自己的行程計畫就可以了；如果有孩子的話，就真的不是件容易的事。

珠妍：在時間上好像有很多閒暇，但在經濟上就不一定了，我和先生各自管理自己的薪資，所以很難有大筆資金，但是不必把錢留下來給別人感覺很不錯。現在想做什麼就做，要不然以後年紀大了，體力也不行了，很多事情都無法如願達成，這樣對誰都沒好處？「在哪一部分最捨得花錢投資呢？」以前常會去旅行，不過最近太忙了沒辦法成行，一直有計畫未來要去南美洲旅行，也想在年紀許可之前，來一趟冰川健行之旅。

英智：現在我比起看書，更喜歡買書，以後想要讀更多的書，讓我現在的工作也可以有些變化。而且我想要讓爸媽覺得就算沒有孫子可抱，我也能成為讓他們自豪的女兒。我曾經在某出版社舉辦的徵文比賽中獲獎，並且也出過書，那時父母真的非常開心，所以我想要讓父母能再次體驗這樣的快樂，也想用文字寫下關於媽媽這輩子的故事。

修莞：這次回韓國，考了以外國人為教學對象的韓國語教育證照，如果順利取得證照，想在新喀里多尼亞大學當講師。累積多一點經驗以後，打算和先生一起去法國。

「有沒有因為有了孩子就很難實踐的計畫呢？」老實說，有的。雖然先生可以繼續讀研究所，但我的生活會完全改變，現在進行的個人課程也會受到很大的限制，特別是成為大學講師這件事是想都不敢想啊。我對環境和女性人權議題相當關心，也會參與相關活動，因此想去法國進一步學習相關學科，所以如果有孩子的話，時間當然也會減少囉。

所謂的野心，雖然可以從賺大錢的方式來實現，但我想把時間和努力投入在自己想做的事情上，那對我才是最棒的生活，我想保有這份權利餘裕。

根據受訪者各自的情況與個性，大家的想法與規畫也不盡相同。有像我一樣虛度人生的人，也有慢慢尋找自己人生意義的人。但是，這些都與人們常說的「沒有孩子，人生就會變得枯燥乏味又空虛」的情形不同。

她們反而能好好利用在金錢和時間上有形或無形的資產，打造可以滿足自己願望的生活。

我在書寫她們的故事同時，也借鏡她們的方法，像是對自己感興趣的領域可以多研究、多看書，也可以做些志工活動，而且想法我也已經全都計畫好了。那麼，就先從晚上十二點前睡覺，中午前起床開始做起吧！

因為沒有孩子而有錢有閒，能以最積極且少見的方式運用的是昭妍。

身為律師的昭妍成立了獎學金，幫助開發中國家的女學生就學。雖然我身邊也有從事類似善行的人，但多半是以參加像是聯合國兒童基金會的NGO，每個月捐款一定金額的方式，從沒見過像昭妍一樣會固定投入時間與巨額資金的朋友。我很好奇是什麼樣的原因驅使她這麼積極參與。

昭妍：三年前，我曾在柬埔寨一所地方大學發表演講，由於周邊完全沒有基礎建設，就連教授團隊也不會說英文的情況，讓我受到了衝擊。而且在那裡聽講的女學生特別多，打聽之後才知道，只要家庭環境稍微寬裕些，就會送兒子到首都金邊讀書，但不可能讓女兒到外地就學。然而，發展中國家的海外NGO為了性別平等而贊助女學生，所以在地方大學裡成績優秀的女學生逐漸增加。

回到韓國後，我聯繫了與那所大學有合作關係的NGO。由於預算不足的關係，有些學生無法獲得獎學金，他們表示如果能夠再提供一千美金，就可以再幫助四名學生學習英語與電腦，所以我就先從匯款開始做起。

第二年我再度前往柬埔寨，那裡舉辦了英語書評大會，我正好也順便了解一下我所資助學生的狀況。在鄉下，學校因為離家非常遠，走到學校需要花很多時間，加上家境因素，缺席是常見的問題。為了解決這個問題，我租借了有浴室和廁所的小房子打造成宿舍，由於地點位在水費和房租比較貴的地方，便投入了較多的資金。

我無法確切知道第一次訪問東南亞國家的昭妍，具體上是因為感受到什麼衝擊，但是的確有幾個畫面浮現在我的腦海中。我曾去過幾次越南、泰國、印尼旅行，雖然大多是去大城市的度假村、飯店、觀光景點和購物中心，但是如果離開了如同人間天堂般的飯店，坐車往窗外望去，路邊一排綿延的簡陋木屋，會讓我有一種自責與羞愧。我思考著這種感覺究竟是不是一種偽善，所以對東南亞旅行漸漸感到猶豫。雖然在這世上，不管到任何地方都存在著貧富差距，但對於眼前所見，我只想立刻逃避這種不舒服的感覺，然而昭妍卻選擇了其他方式。

「為了更美好的世界，每個人都能幫助一個學生」，這是她創立的獎學金團體的標語。一開始，昭妍先繼續幫助在柬埔寨的大學生，後來也在越南援助一些家境困難，但課業優秀的高一女學生，因為如果接受過早期教育，就有機會可以表現得更好。

當昭妍被問到「在幫助他人到一定程度時，通常大家會覺得『這樣已經夠了』，所以要進一步思考『再多做一點』，不是很難嗎？」的問題時，她的回答是：「我計算過，其實那樣做還不夠。」

於是昭妍又提供尼泊爾女學生的學費及衛生棉。原本就在援助的越南高中生，在她們錄取國立大學之後，仍繼續予以資助，同時也贊助韓國一家育幼院的女學生。

就算律師是個知識專業，獨自經營個人法律事務所是一種自營業，而她也算是一個法律家庭的家長，每年卻把一大部分的收入投資在他人身上，這樣的事實令人驚訝不已。

昭妍：除了生活所需的費用以外，錢全都投資到獎學金事業中了，由於沒有儲蓄或投資的習慣，所以我辦得到。

我在當地看到那些學生的狀況，實在沒辦法棄她們於不顧。要讓一個學生在大學裡念書，一年大約需要三、四百萬，如果把這筆錢平分攤至每個月，對我而言就不是太大的金額，但對她們來說，是否有這筆錢則會大幅影響生活，其差異實在是天壤之別啊。

而且創立、營運獎學團體，是絕對不可能和生產、育兒同時並行的，如果有了孩子，就不得不將所有的資源全都投入在育兒與教養方面，何況如果我有生孩子的打算，那麼我就必須存錢才行，可是就是因為確定自己不會有下一代，我才可以將自己多出來的財產分享出去，改變別人的人生。

我想，除了不生孩子的原因之外，之所以能運用其他資源，是因為我的職業是律師的緣故。如果是一般上班族，就算我不打算生孩子，要能順利工作到滿六十五歲的退休年齡並不是那麼容易，如果五十五歲被迫退休，但到可以領國民年金還有十年的空窗期，所以為了生計，就不可能再撥出多餘的錢去維持獎學金事業，但是我的工作沒有所謂的退休，所以才有可能這樣做。

父母花錢在孩子身上，可以視為是一種愛，但其中也有包含了「投資」的層面。真的有不期待孩子給予金錢與感情回報的父母嗎？面對和自己不管是在血緣上、法律上都毫無關係的他人，也不要求對方「回報」什麼，卻還能投入時間與金錢來培育他們，當這些人未來出社會後，彼此的緣分也許就結束了。在這樣的情況下，究竟昭姸是如何繼續投資下去呢？「因為我的父母從來沒有以『投資』的方式來養育我，所以我也不習慣用『投資』的概念來看待孩子。」

昭妍：真要說的話，每個人都是接受這個世界的「投資」長大的，所以我也反過來投資這個世界。我們團體的最終目標是培育女性官員，盡可能希望她們可以擔任公職或是進入教育界工作。例如，在柬埔寨，女性要成為律師是相當困難的，可是成為教師的女性相當多，相反地，在大約二十五個州裡，連一個女性教育局長都沒有。我想只要出現一位女性教育局長的話，就可以改變很多事情，那麼社會就會獲得回報。那麼，未來去東南亞旅行，心情也不會那麼不自在了，我就可以睡得更加安穩，但我到了七十歲時可能就沒有錢可以去旅行。（笑）最重要的是，做這件事帶給我很大的滿足感。

在聽了昭妍的分享之後，我想到了金惠珍作家的《關於女兒》這本小說。敘事者「我」的母親在療養院工作，照顧著一位名為「珍」的女性，她一輩子為了與自己毫不相干的人犧牲奉獻，但是最後卻罹患失智症，甚至連一位親人都不在身邊，留下來的只有能夠維持在療養院裡生活的贊助金，和偶爾找上門來採訪的電視台攝影機。

過去她曾贊助的開發中國家的少年，是過著辛苦艱困生活的海外移工，根本也沒有空暇來療養院探望她，珍最終成為療養院裡沒人願意負責的包袱，更在不知情的狀況下，被轉送到更惡劣的設施生活。比起「好心會有好報」的結局，這故事反而更加貼近現實，我抱著萬分痛苦的心情看了珍的最後一天。上了年紀卻沒有子女可以依靠的無後女性，不是至少要盡可能多存一些錢，擁有更多資產才對嗎？說實話，就連根本沒資格擔心別人的我，都有些替昭妍擔心。

但是昭妍自己卻一點也不緊張。除了獎學金事業以外，她還積極參與女性移民、勞動者、難民等與人權相關的社會運動，換句話說，可以說她是將自己大部分的資產拿出來做為「公共財」的人。她沒有私人保險，看到一直關注的國家健保保障範圍擴大，而感到相當開心，因為她將自己的養老問題託付在國家的福利制度上。

昭妍：我以後也會持續進行社會運動，大概到六十五至七十歲左右，就輪到社會來照顧我，如果行不通的話，那就是賭上我人生的這場實驗是失敗的囉。（笑）

「聽起來真的很浪漫……但不是很危險嗎？」對啊，風險很大啊。可是不知道為什麼我並不會很擔心，從大體上來看，不管怎樣都會成功的……

「在社會運動中面對許多的不合理，在現實中似乎會變得比較悲觀，是什麼原因讓妳反而能更加樂觀地看待這一切呢？」因為樂觀，所以才能參加社會運動，不是嗎？如果不是真心相信可以改變什麼的話，應該就不會參加了。如果想要未來變得更好，就需要付出相當多的努力，也要相信「無論如何都會成功的」。

《關於女兒》裡的「我」，最後是在一個幾乎快荒廢的機構裡找到珍，把她帶回家裡照顧。和珍一起度過最後時間的，是和她沒有血緣關係的「我」與女兒，以及女兒的同性伴侶。我認為這本小說是關於描寫女性的痛苦、尊嚴與年代的故事，很樂見在最後仍有一絲絲的樂觀。

雖然這是個難以讓人擁有夢想的世界，但是聽著昭妍的故事，似乎隱約明白了為什麼我們需要樂觀了。

2

生孩子的是我，為什麼還要其他人同意？

——與配偶、父母和他人的角力

有一段時間，每當在網路上看到和「頂客族」相關的文章，我總會一字不漏地仔細閱讀。其中大部分都是女性結婚後苦惱著到底要不要生孩子的文章。不論是結婚後不知道要不要生孩子、需要時間思考要不要生孩子，或是因為和丈夫或公婆的關係不佳，而苦惱著要不要生孩子……等，看到她們因為各種理由而不想生孩子的文章，每次都深有同感。

不過，在這類的文章下方，一定都有「反正都要生，還是早點生比較好，要不然錯過時間，後悔也來不及」這種帶著不安的讀者留言，或是「結婚前有協議好當頂客族嗎？」帶有指責意味的留言。再激烈一點的，甚至還有「結婚前若沒有明確說清楚不生小孩的話，根本可以算是違反結婚契約吧」，這些話語彷彿就像是威脅著：「事前如果沒有說好不生的話，現在妳怎麼敢自作主張，這樣妳的家庭很快就會破裂，而責任就在妳身上！」

我在結婚前也沒和先生達成不生的「協議」，依稀記得當我說「我們不生小孩，就這樣過一輩子也沒關係吧」時，當下他倒也沒什麼負面的反應。但婚後，他反而開始認真考慮不生孩子的問題。從考慮現實狀況和我們各自的個性，到做出就這樣過著兩人世界的生活就很幸福的結論，至少也花了三年以上的時間。

雖然我是在三十五歲左右才結婚，但是不想被時間逼著急促做決定。我們想可以在慢慢了解彼此結婚前不為對方所知的另一面後，更深入地一起分享各自對未來生活方式的看法。

善宇：我和先生大概在交往約兩年半左右，有一天在VIPS吃飯時，我突然開口說到：「我覺得還是要跟你說一下，如果我們結婚，我只想和你在一起生活，但不想生小孩，因為這樣那樣的理由。」其實我們都非常喜歡小孩，所以我才擔心他會覺得結婚之後，理所當然我會生小孩。對方比我大幾歲，當時我是帶著「如果你不同意，那就趕快分手」的暗示說的，但是他卻只是這樣回答我：「嗯，這樣啊，那我也思考一下！」在那之後，我們便準備結婚，也說好了去跟各自的父母說「是自己不想生孩子」。

廷媛：「和我結婚的話，就不要想有孩子，因為我是絕對不會生的！」我幾乎像是宣言般地告訴先生，那時他似乎也隱約覺得「結婚的話，大概會生一、兩個吧」，男人不都是那樣。「是啊，因為對他們來說好像很容易就有了。」所以先生似乎有些驚慌，之後他也思考不要生孩子會給他什麼影響。如果沒有孩子的話，他可以卸下「一家之主」的重擔，不用逼自己去討厭的職場上班。

由於他以前從未這樣想過，在聽完我的話以後，而有了不同的觀點去思考，自然而然就偏向了不生的立場。

英智：我在結婚前曾跟先生說過，要就一結婚馬上生，要不然就乾脆不要生，先生卻說五年後再生孩子吧。因為彼此立場不同，決定之後再慢慢討論。但是結婚後發現，我們的個性在養育孩子上很不合，現在已經不會討論孩子的話題了。

其實結婚前我們就不怎麼喜歡小孩子，也沒想過要養育孩子，但是仍存在「因為大家都生孩子，而且長輩們也都會很開心，還是應該生個孩子吧」的觀念，雖然沒有說出口，但是兩人似乎默默形成了共識。實際生活一段時間後，彼此便明白自己是真的不想要有孩子。

我覺得善宇抱著會被分手的可能，但仍坦白告訴對方自己不想生孩子的事很有趣，因為要對考慮結婚的對象，明確表示「就算跟你分手，我也要堅持自己生活方式」的想法，是相當不容易的。但是善宇和廷媛都給對方機會思考頂客族夫妻的生活，確認對方可以接受這樣的生活，而彼此達成了協議。

原本打算「慢慢」討論的英智與她先生，在結婚後了解自己的個性與需求，便自然而然過著沒有孩子的生活。當然並不是所有的受訪者都在結婚前就表現出自己不生孩子的意願，或是和平地達成協議，因此，如果先生對於不生育的意志不堅定，或是想要孩子的話，情況就會變得有點複雜。

勝珠：結婚前我就隱約覺得自己不想生孩子，然而結婚初期時，心想「反正都結婚了，那就生吧」，但是過了一年的婚姻生活，更加確信「如果有孩子的話，我的人生就毀了」。因為我的工作實在太忙了，先生每天也都晚上十一點以後才會回家，如果生孩子的話，不僅我的事業就此結束，肯定還得面對獨自育兒的困境。

當我說：「我不想生孩子，在目前這樣的情況下我真的沒辦法生。」先生卻說：「生的話就會改變啊，我會幫忙照顧的。」我回：「我對你沒有信心，我不要生！」結果他說：「我也不是很喜歡小孩，可是長輩都很期待，還是應該要生一個吧？」於是我告訴他：「我不認為因為要符合長輩們的期待，就得要生孩子，請你明確跟他們說。」雖然公婆還是希望能抱孫，但加上先生其實也不是那麼想要孩子，所以我們夫妻對此並沒有太大的爭執。

勝珠就是「結婚後改變心意」的例子，她確認了在現實中「工作／家庭育兒」是不可能兩全的事實，而告知了先生不生育的決定。此外，我也問了她對於「婚前協議」的想法。

勝珠：如果能先協議再結婚的話，當然就省事多囉，可能會是彼此先去做避孕手術再結婚吧。但是也有可能是等到結婚了以後，才覺得真的不能生小孩，不是嗎？這不是那一方的錯，而是因為婚後的生活環境、對方的行為態度、婆媳問題等錯綜複雜的因素交織在一起所造成的。不過，至少可以讓女性決定「我想要好好守護自己，所以不想生孩子」，這是我們對自己身體的基本權利。

也就是說，不考慮婚後才出現的各種變數，簡單地以是否曾進行婚前協議當作生不生小孩的依據，是相當不合理的。因為婚後可能會發現自己或配偶並不是適合養育孩子的人，不希望因為育兒而壓縮金錢或時間可使用的額度、來自原生家庭的壓力而動搖了夫妻關係、健康，又或是工作產生變動等，最重要的是，必須背負懷孕與生產責任的當事人的想法很可能會改變。

閔夏：結婚前幾乎沒有談過孩子的事情。「有些人在交往的時候就會想討論，妳是不想去思考這樣的問題嗎？」是啊，乾脆不去想……（笑）不知道耶，我不是「不想生」，只是我想像的未來裡沒有孩子。雖然先生因為公婆的關係，似乎覺得「不管怎樣至少要生一個吧」，但並沒有強制要求我。

「如果先生那樣說了呢？」可能會用「不知道，再說吧」、「現在還不行，明年再想想」這種方式先轉移話題，盡可能拖延到不能拖為止。

二十歲出頭就結婚的閔夏從未和她先生達成具體的協議，她不怎麼喜歡小孩，覺得要懷孕生子、養育孩子自己還太年輕了。當然，也許有人會認為她「太年輕」，只是因為不成熟，所以暫時不想生孩子而已，但我認為這顯示，韓國社會長期以來無視並壓制像閔夏一樣，不想要生孩子的已婚婦女的意願。

如果是剛步入社會的新鮮人、因沒有工作而無法經濟獨立，或是家庭內部權力關係中屬於弱勢的女性，更是很難貫徹不想生育的意志。最後閔夏沒有按照公婆及丈夫的期望生孩子，而是迂迴地選擇去上班。我想今後不管閔夏做出什麼決定，她的意願與態度應該得到充分的尊重。

宥琳：我本來一直都有避孕，後來因為先生想要孩子，所以有一陣子沒避孕，但是

去年去醫院檢查時，發現先生有些問題。雖然只要接受一些醫療措施還是可以懷孕，但是我並不想那麼做。事實上因為深愛著他，所以是抱著「如果你這麼想要那就生一個吧」的想法，而不是堅守著死都不想生的念頭，畢竟生孩子也不是什麼不好的事嘛。

但是，先生恰好相反，似乎覺得這本來就不是可以強迫我的事情，而且現在是因為他自己的問題，更不可能強迫我生。我的個性是如果沒有相當的信心，就不太會付出行動，雖然嘴上不置可否，但是已經意識到自己其實是個非常不想生孩子的人。

這對先生來說並不是件愉快的事，可以說是被迫放棄當爸爸的權利，對我而言，我心裡也覺得不舒服，因為我知道他是個很喜歡孩子的人，就算在外面看到孩子，你可以感覺到他的視線都放在小孩身上。這就像是，該選擇自己想要的事呢？還是要去做讓包括先生在內的家人都會開心的事呢？

當事人非常不想生孩子，但是如果心愛的人想要孩子的話，會做出什麼決定呢？想起了幾年前為了育兒工作的主題，採訪某位女性時她所說的話。

「除了我以外，所有的人都不斷嚷嚷著老大需要一個弟弟或妹妹陪伴。我本來也一直堅持不生，但最後也妥協說：『好吧，乾脆生給你吧！』」

「生給你」是多麼不情願的表現啊，但意外的是常常會聽到已婚女性這樣說。如果自己的幸福和配偶的欲望相互衝突的話，再加上原生家庭的期待，女性通常會考慮並選擇「大多數人的幸福」而放棄自己的幸福，因此，宥琳所感受到的複雜情緒是非常普遍的煩惱。

認為沒有孩子的家庭也可以得到幸福，以及認為有孩子的話似乎會更幸福的夫妻，在尋求幸福最大共識的過程中，難免會出現緊張的氣氛，然而要女性忍受煩躁的情緒，還得要做出最終決定，這些全都是女性必須承擔下來的。

既然如此，是否該由當「媽媽」和「爸爸」的夫婦，各自擁有同等比重的生育決定權呢？對於這個問題，浩庭則反問我：「這有可能嗎？」

浩庭：這是我們夫妻倆的人生問題，但如果要誰來做最終決定的話，應該還是要由生育的女性來才對，畢竟生孩子的是我們啊！例如，就算一百人中有九十九個人贊成，也無法要反對的那一人生孩子，不是嗎？這可不是少數得服從多數的事情啊。

道允：女性應該要掌握大部分的生育決定權才對，畢竟是女性懷胎十個月，還得經歷生產、哺乳的過程，為此不斷付出一切，這些全都是「我」必須要忍受的不是嗎？這樣的話，不是應該至少有百分之八十以上是屬於我的權力嗎？

宰卿：世界上所有的關係都不可能是剛好平均對等的，就算是生意上簽訂的契約書也不會這樣，何況男性和女性在先天生理上本來就不同。

在公司裡，每次聽到男同事說：「結婚後，我想要幾個小孩。」彷彿他是有多大的權利似的，我心裡就會覺得很可笑。如果是女性，因為是她是本人懷孕和生產的當事者，當然有立場可以這樣說，但是我認為男人的決定權是零，尤其是更不該試圖改變不想生孩子女性的意願。

我轉述了前面提到的一些網路留言，給在訪談中，提出最「偏激」意見的宰卿。

宰卿：「如果要過無後的生活，就應該要在婚前達成協議」的這句話，有可能並不是這些人真正的想法，而只是在哪裡聽到，沒仔細多想就轉述的話，好像是說「要有孩子才不會離婚，才能過好生活」一樣，這只不過是毫無意義被口耳相傳的一句話罷了。

不過，把這句話放在網路上之後，彷彿就變成是真理，不斷地被轉發，所以看起來似乎更具影響力。雖然這類的話很容易被誤以為是多數人的想法和真理，但是事實並非如此。

宰卿毫不留情的指責，也是我內心的想法。

最終我們必須正視自己究竟是怎樣的人，想要過的是什麼樣的生活，並且與伴侶好好地溝通。我們沒有必要在結婚前針對每件事都得達到「完美的協議」（**那些說結了婚就會戒菸、戒酒，一輩子都不會外遇的男人，他們的「協議」與「約定」，全都到哪去啦？**），而是要相信我們有選擇不要生育的權利，這比任何事都來得重要。

蘿拉・史考特（Laura Scott）是一位時尚顧問兼作家，她一九六〇年代出生於加拿大，長大後移居美國，二十多歲就結婚了，但完全沒有想要擁有孩子的欲望。她在四十三歲時，偶然讀了瑪德琳・肯恩（Madelyn Cain）的《無子女浪潮》（*The Childless Revolution: What It Means To Be Childless Today*）之後，了解自己就是屬於「確信無後」（positively childfree）的族群。

蘿拉一直在尋找和自己一樣，刻意選擇無子女生活對象的相關資料時，但幾乎毫無所獲，於是便自行研究。她花了四年時間研究文獻，並且針對居住在北美地區，一百七十一名已婚無後女性與男性為對象進行採訪，還有與學者面談之後，寫了《兩人剛剛好》（*Two is Enough*）一書。書中包含了多種事例與統計分析，其中最令人印象深刻的是某章節的導讀部分。

剛把這本書交給出版社時，我其實非常擔心先生會突然對我說：「我其實想要孩子。」在上廣播節目宣傳這本書時，我甚至想像自己接到了一通女性的電話，她自稱是我先生私生子的母親，並且指責我無視先生的需求，理當判處我無期徒刑，甚至揭露了我們婚姻中沒有孩子卻幸福美滿只是個假象而已。

我讀到這裡有些吃驚，卻也放心了，原來不是只有我有這樣的恐懼啊！

✦

我知道我先生與我不同，他不僅和孩子在一起很自在，也挺會照顧孩子。他在學生時期曾在跆拳道館打工，主要的工作就是和數十名幼稚園和小學生一起玩耍。聽他說偶爾還要幫忙還不太會自己大小便的孩子洗屁屁和褲子，這讓我忍不住大吃一驚。但另一方面又覺得慶幸，如果有一天我們有孩子的話，至少他比起我是更稱職的養育者。他的體力、耐心，對弱者的體貼，在育兒方面都是非常好的條件。

然而，我們結婚後，他卻愈發期望沒有孩子的生活，為此偶爾我也感到苦惱。心裡不斷想著：「會不會是我太早說不想生孩子了？」「先生其實是想要孩子，會不會因為我而說不出口呢？」「如果先生和其他人結婚，是不是會成為一個『好父親』呢？」「我們沒有孩子，究竟能否一直幸福生活下去呢？」雖然我覺得不需要感到愧疚，但心中一直不斷浮現微弱的虧欠感。

某天有人問我「妳真的不生孩子嗎？」隔天我就做惡夢了。夢中我抱著一個不認識的孩子要哄他入睡，但是孩子實在是太重了，而且還一直哭鬧不肯睡覺。於是我用筷子夾起肉來想餵他吃，那孩子便飛快地吃著肉，漸漸地孩子越來越沉重，重到我無法呼吸，我沒辦法放下孩子，被壓得喘不過氣來，下一刻就忽然驚醒了。直到我確認自己的懷裡沒有孩子，那股沉甸甸的重量才消失不見。偶爾我會想再次確認先生的心意詢問他：「你不會後悔自己沒有孩子嗎？」他的回答從未改變，但即便如此，我的不安仍無法完全消失。

我很好奇其他的女性是否也有過相同的恐懼。勝珠是我第一個見面的受訪者，我在某本書的宣傳活動中曾遇到幾名女性，和她們聊天時說到：「我想寫關於決定不生孩子的已婚女性的故事，可是不知道要去哪裡找這樣的人選。」其中一人說：「我姊姊就是這樣的人啊，雖然她現在人在國外，不過下個月會回韓國。」透過她的介紹，我才能與勝珠認識。

勝珠是個會把頭髮一絲不苟地紮起來，有雙清晰明亮的眼睛，每天早晨自己會在家做九十分鐘的運動，看起來像是只要下定決心要做的事情，都會徹底執行的人。和勝珠見面後，我便跟她分享了蘿拉・史考特的故事，並且問她是否曾經擔心因為沒有孩子，而可能和配偶離婚的問題。

勝珠：先生沒有明確說過自己不想要孩子，所以有時候也會覺得「這個人也拿不定主意，是因為我很強勢地說不要，所以他才放棄的嗎？」對此，而感到有些抱歉。但是我不會因為沒有孩子，就擔心先生有可能會拋棄我。如果他真的那麼想的話，那就離婚啊。（笑）

就在她那豪爽直率的語氣中讓人忍不住噗嗤一笑的瞬間，我立刻領悟到自己一直在等待著這樣的暢快感，看到眼前有位女性泰然自若地說，如果不想生孩子的確有可能「被離婚」時，沒有比這樣的誠實更令人舒坦的了。勝珠接著繼續說。

勝珠：我不怕離婚，我比較怕自己會消失或受傷。雖然我愛著我先生，但如果因為要和這個人生活就得毀了自己，我實在沒有理由要選擇這樣的生活。不管是先生或是任何人，只要對方不斷做出侵犯我尊嚴的言行，我認為隨時都可以離婚，或是斷絕關係。

希望配偶和自己有相似，或比自己更積極期望無子女的婚姻生活的受訪者則表示「從未有過這樣的恐懼」。浩庭則說：「竟然有男人會因為一個尚未出世的存在，就要拋棄自己的愛人，這對我來說真的很不可思議。」然而有些恐懼是透過第三者或媒體被灌輸才存在的。

子賢：去婦產科做檢查時，醫生說：「就算妳不想生孩子的心意已決，但先生不一定是這樣吧。」所以他建議我為了未來著想，先冷凍卵子。不過，我後來想了想懷孕的是我，而且凍卵費用也不低，便下定決心不做了。

但是不知道為什麼總覺得很害怕，所以我就問我先生：「如果我四十歲的時候，你想要孩子，該不會就去找年輕女孩生吧？」他回答我：「我既沒有那種體力，也覺得麻煩，不可能的。」（笑）所以我曾經這樣想過，如果以後我沒辦法生孩子，但先生卻想要孩子的話，那他就不是我愛的人了，到時候我也可以毫不留戀地離開他。

伊善：我曾問過先生，如果有哪個女人帶著他的孩子找上門的話，他會怎麼做？因為先生本來是一個想要孩子的人，所以看到長得像自己的孩子，應該會馬上產生感情，畢竟「血濃於水」，電視劇不都是這樣演嗎？（笑）雖然先生說這是哪門子的胡說八道，但是萬一真的發生這種事的話，先生在第三者那裡應該會成為一個好爸爸吧？「在連續劇裡，先生的外遇對象會突然出現只留下孩子就離開或去世了，然後女主角就和先生一起養育孩子，彷彿就像是最完美的結局一樣。」就算他可能會說：「我來養那孩子！」但我覺得自己不會這樣做。

對現在的婚姻生活相當滿意的她們，都能夠毫不猶豫想到離婚這個選項，重要的線索就藏在英智的分享中。

英智：如果我是一個沒有經濟能力，只能依靠先生生活的情況，當然會對離婚感到恐懼，但這不是因為沒有孩子而產生的問題，而是因為女性無法獨立生活，就會對丈夫產生依賴，或是對家人的依附感變大所產生的問題。

從這角度來看，隨著配偶轉移生活重心的修莞來說，離婚並不是一個單純的問題。

修莞：一想到要離婚的話，當然會很煩惱，到底應該回韓國？還是定居法國？但由於我們之間存有無條件的信任感，或許未來可能會因為某些原因分開，但我從來沒想過會因為沒有孩子而離婚。

如果先生真的那麼希望有孩子的話，現在是可以領養孩子的時代，我不想把冷凍卵子當作像是買「保險」一樣，如果做好心理準備，經濟條件也允許的話，我想我會考慮領養。

通常說到孩子，就會與「懷孕」、「生產」、「撫養」連在一起，但現實中並不是孕婦一定都能順利生產，也不是生下孩子的媽媽就絕對會養育孩子，而撫養者也不一定會是孩子的生母。通常我們都認為「有小孩」一定得是「有我和配偶基因的孩子」，但在聽完修莞的分享之後，我開始思考不一定要「生養」，而可以選擇「撫養」，這也是另一種選擇。

最後介紹一段令我記憶深刻的訪問。

寶拉：雖然公公沒有對我說過，但是他有對先生說：「不管怎樣你是長男啊，至少也要生一個兒子才對啊！」聽到那句話的瞬間，我想我可能會被公婆趕走。如果真的發生這樣的事情，我想我也會冷靜面對，並且華麗地轉身離開，但老實說我並不想這樣做。（笑）

聽到寶拉率直的告白，我又笑了。是啊，雖然可以有「如果淪落到這種地步的話，那就離婚吧」的想法，不過真的要離開原本一起開心生活的人，都是逼不得已才會出此下策。撇除經濟獨立的考量，要和原本共享日常生活、分享感情紐帶的對象疏遠或斷絕關係，絕對不是個簡單的問題。然而在與受訪者聊天分享的過程中，我對離婚的恐懼卻漸漸減少。

現在我希望能和心意相通、相處融洽的伴侶，盡可能長長久久生活下去，但絕對不能和他離婚的念頭也消失了。如果我們彼此變得疏離，就表示兩人關係的保存期限過期了，絕對不會是因為「我不讓我的配偶當爸爸」，而使彼此漸行漸遠。

不管我們會因為什麼原因離婚，假設那一天真的到來的話，必須要清楚離婚並不代表婚姻的失敗，這只是代表一個時期的結束，之前那段美好的生活並非毫無意義，這點我比以前更明確了解了。

「婚姻就像是江華島條約[12]，攻擊來自四面八方。」

有時候我會想起，有位曾經一起聽女性暴力相關教育課程而變熟識的媽媽所說的這句話，雖然我們一起笑著，但是我知道那不是開玩笑。

不生孩子，難道只是夫妻間達成協議就沒事了嗎？雖然我很想這麼說，但是「結婚不只是兩個人的事，而是兩個家庭的結合」這句話，是韓國無法擺脫的陋習。從古至今被認為是真理的話，到現代仍然適用，從準備結婚的過程開始，就可以看到無數被父母擺布而飽受痛苦的新人，身在這樣的韓國，想不生孩子，可不是那麼容易的一件事。

對於結了婚但不想生孩子的已婚女性來說，最感到負擔的外人大概就是公婆了。在大部分的情況下，女性在結婚的同時，「身體」就被認為是婆家的所有物，而「生產」是那具「身體」對家庭應盡的基本義務。

有些公婆甚至會干涉兒子媳婦的性生活情況，有時候身為「自家人」的配偶，並非出自於本身的意願，而是為了滿足父母期待才說想要孩子。

因此，我非常好奇，當已婚男性對妻子說想要一個孩子的時候，內心深處其實是「想對希望抱孫的父母盡孝道」的比例究竟占了多少？

閔夏：度完蜜月回來後，公公就立刻跟我說：「真希望能趕快看到孫子，」還對我說：「既然要生，第一個就生兒子不是比較好？」聽到這樣的話，我只是「哈哈」地敷衍帶過。但當先生說：「最近大家都很晚才生，也有人沒生孩子。」公公馬上就發脾氣了。因為公公本來就是一個非常保守的人，婆婆也說：「哪有，大家都有生孩子啊。」如果我們反駁的話，又要說個沒完沒了，所以我私下跟先生說：「別反駁，聽聽就好了」。

但在幾個月前，家人聚餐時，公公喝了酒後，語帶責備地問我，到底何時才想要生孩子，還質問我去年為什麼沒有考上不動產的證照。壓力累積已久的我再也忍不住，情緒潰堤，眼淚直流，轉頭就跑走了。在那之後，公公就不再提起生孩子的話題了。

勝珠：結婚三個月之後，有一天在公司接到婆婆打來的電話問我：「你們有避孕嗎？」之後又一直問：「妳們為什麼還不生孩子？到底什麼時候才要生孩子？」我用開玩笑的口氣回答：「要快點當上老闆，才能請媽媽吃很多好吃

12 譯註：大日本帝國與朝鮮王朝一八七六年於江華島簽定的不平等條約，要求朝鮮開放許多港口，以江華島條約為開端，英、美等國家也簽訂條約，大開門戶，因此攻擊四方八面而來。

的美食啊」，婆婆又說：「現在那個重要嗎？先生個孩子比較重要吧！」和婆婆一起去百貨公司時，她會把我帶到童裝部，對我說：「妳看看這個很可愛吧？趕快生個孩子，我才能買給你啊！」我回答：「我要考研究所。」這次過年時她也是叨唸著：「今年可以讓我抱孫子吧？」

「這種時候妳先生有什麼反應呢？」我先生根本無視他媽媽的話，什麼反應都沒有，如果我說了什麼的話，他就會說：「因為老人家嘛……」現在我擔心如果對公婆說我們會繼續維持這樣的生活，先生會很為難，所以就一直忍著，可是如果繼續對我施壓的話，總有一天會火山爆發的，還是把希望連根拔起，一次就破滅會比較乾脆。（笑）

寶拉：結婚大概過了一年左右，公婆曾經問我：「那個……你們還不打算生孩子嗎？」我照著之前朋友建議的回答：「我們努力過了，可是沒有懷孕耶！」當我這麼一說，他們便把我單獨帶進房裡問我：「要不要考慮試管嬰兒？」我說「我們自己會看著辦」後就走出房間。之後去婆家時，他們又跟我們說朋友的女兒做了試管手術，還說人工受孕也沒什麼不好之類的話，所以他們是怎麼想的，我非常清楚。（笑）

「其實覺得就是「有缺陷」對吧？」是啊，因為不是自然懷孕，他們覺得是一種缺陷，還帶有一種「自己心胸寬大」的感覺。所以當我態度稍微強硬回答：「現在還不用去做。」他們就不再跟我說了。有一次公婆也問了先生，先生強硬地回覆說完全沒生小孩的想法之後，生孩子的事情就再也沒有被提起了。

閔夏表示「現在雖然暫時沒說什麼，但不知道何時又會提起」而總是很在意；勝珠是「撐到不能撐為止」；寶拉則是表示「大概再三年，等先生四十歲的時候」，那時才會向公婆明確表示不生孩子的想法。寶拉這麼說道：「不想因為這件事造成家庭的紛爭，一旦將不生孩子的事情詔告天下，不就點燃了戰火嗎？長輩們一定會努力拚命想改變我們的想法，我們就得不斷出招防禦，總之就先保持休戰狀態吧。」她很好奇其他的頂客族夫妻是否有什麼好的戰略可以說服身邊的人，但是除了「盡量各自解決來自自己家庭的壓力」的大原則外，我也沒聽過什麼有效的方法。

但令人感到意外的是，在參與訪談的人之中，對於生育問題，感受到來自公婆強烈壓力的人竟然不到一半。當然大部分的公婆都會「隱約」透露想要抱孫的意圖，身為媳婦的她們並不會感到嚴重的不悅或沉重的負擔，也能夠擺脫彼此的矛盾，這一點相當有趣。原因大概是以下四點：一、配偶的情緒獨立，不會被父母影響；二、配偶的經濟獨立，不會受父母牽制；三、配偶不想生小孩的意志強烈；四、女性收入較配偶穩定或更高。符合其中兩個以上條件的女性，幾乎都沒有來自公婆的催生壓力。

其實我一直對公婆總是干涉生育的問題感到疑惑，簡單來說，「公婆在兒子結婚時買房給他們，難道就有權力要求媳婦生孩子嗎？」當然不是這樣，但是韓國在OECD國家中性別工資差距三四．六%，是位居第一的國家，對於女兒和兒子結婚時，父母給予的支援不同也是理所當然的。

二〇二〇年某家結婚情報公司針對兩百二十名未婚男女進行的問卷調查，對於「結婚時應該從父母那裡得到多少經濟援助？」的回答如下：「得到一部分」五一．八%，「得到一半以上」三三．二%，「幾乎沒有」十．五%，「得到全部」四．五%[13]。

在居住成本上升，加上就業不穩定的時代，如果沒有父母的幫助，想要結婚並非易事。而且根據「天下沒有白吃的午餐」的經濟理論，提供金援的父母很容易介入女性的生育自主權。現今的婚姻既是一種交易，也是一種契約，實在是令人不太舒服。

英智：有一次先生的伯父把我叫了過去，問我為什麼不生孩子。因為我實在太生氣

了，所以就直截了當告訴他，我們夫妻倆現在還有多少債務，先生薪水多少，還想知道更多細節的話，請直接去問我先生，在那之後伯父就沒有再過問了。

我們結婚的時候，完全沒有接受雙方父母的幫助，兩人把存下來的錢全都用在準備結婚和買房上，資金不夠的部分便貸款六千萬元，才租了全稅[14]的房子。

也因為這樣子，婆婆剛開始經常對我說：「如果我是有錢的婆婆的話，妳現在會這樣對我嗎？」雖然她現在也還是會像開玩笑地偶爾對我說：「因為我沒有錢，所以才會被媳婦看不起！」不過本來我就不是會在婆家殷勤幫忙做事的那種媳婦。

我準備結婚的過程也和英智差不多，雖然我們的收入不算高，但是到三十五歲左右，將各自存到的錢和銀行貸款加在一起，在首爾可以用比全稅還便宜的價格買了一間又小又老舊的公

13 陳加英記者，〈佳緣結婚情報公司，調查「子女期望父母能支援的結婚費用」〉，二〇二〇四月二十二日，lawissue 新聞。

14 譯註：全稅是韓國一種租屋方式，繳交一筆鉅額保證金，房客就不用每個月繳房租給房東。

寓。打從一開始我和先生就沒考慮過要接受雙方父母的金援，從結婚當天到現今的婚姻生活，父母施加的壓力對我們都起不了作用。

在已婚婦女的圈子裡流傳著這樣的一句話：「無論如何都要被公婆干涉的話，與其選沒錢的婆家，倒不如找有錢的婆家。」我可以理解為什麼會有這種說法，也確實若沒有負債，生活會感到非常輕鬆。我能夠和先生站在平等地位，是因為我的父母過去提供給我的社會基礎，以及我的運氣也算不錯。但是之前提到性別歧視的現實，以及韓國父權體制的陋習，在很多情況之下，的確讓女性不知不覺就會淪為弱勢的「乙方」。

閔夏：結婚時雖然買了房子，有一半是貸款，一半是公婆援助的。與其說是為了我，不如說是買給他們兒子住，只是我對此並沒有想太多，因為我父母也有幫我準備嫁妝。

本來我覺得我和先生是處在平等地位，但是聽完剛才那些話後才發現，「啊，原來是這個原因，所以公婆才會在我們新婚才一個星期，就馬上對我說生孩子的事情啊！」（笑）

此外，我還了解到另一個事實，就是婆家給予的金錢援助與施予生育壓力往往不成正比，認為因為即將成為媳婦的女性會沒有收入，理所當然應該給予金錢上的援助，或是認為兒子要結婚了，所以買房子是父母基本的義務，的確也有公婆不會把這些事與生育問題混為一談，也就是說，一碼歸一碼，這在不同地區和不同狀況下存在著許多變數。

但是當我在進行訪談的過程中，發現和決定生不生孩子的關係最為密切的就是資產的多寡。接下來宰卿和子賢的分享，也可以證明我們的選擇，是因身處各自面臨的現實生活，在有限條件下所做出來的。

宰卿：如果資產越多，生孩子的機率應該會大幅提高吧。我曾經聽說一句話：「一旦有了孫子，父母真正的財產才會出現。」那麼有財產就是表示女性有很大的後援可以負擔懷孕、生產而產生的諸多花費。如果我能從家裡得到支援，或是自己能經濟獨立的話，或許想法就會改變。

實際上我身邊也有這種程度能力與狀況的人，他們付錢雇用保母幫忙育兒，所以可以全心投入工作，不知情的人根本不會知道他們是有孩子的爸媽。

子賢：雖然我們結婚時也得到了一點幫助，不過如果能有更多金錢的資助，可能就

會想生孩子，例如在孔德（공덕／Gongdeok）[15]幫我們買間十億的公寓之類？（笑）雖然這種想法不太好，但是想想父母怎麼可能會白白給我們金援呢？當然對我們也是會有所期待的，所以拿到多少就得要付出多少囉。「就算收了錢，但是並不會改變不想要孩子的堅持，這樣也沒關係嗎？」這樣當然會很辛苦啊！即便擁有「我住在〇〇大廈」的自豪，但一輩子都會感覺好像虧欠父母什麼，而生活得不自在吧。（笑）

聽了子賢的話，覺得不用為了公婆的財產和生育而苦惱，真的是很幸運。有時候看到談論婆家的綜藝節目裡，經常討論「公婆可以向已婚兒子要求他家的密碼，自由進出兒子家嗎？」類似的主題。令我感到驚訝的是，大部分的人都同意「如果房子是公婆出錢買的話，當媳婦理當得忍耐公婆這種行為」。

就算房子不是用媳婦的名義買的（自由進出私人住宅又是另一個問題），而是為了兒子買的，但認為理所當然可以任意進出他們的私人空間，這也太奇怪了吧？我認為公婆對媳婦要生小孩的要求，或許就是在這樣的邏輯下產生的。

他們仍然把已經成年的子女視為自己的所有物，自然也不會尊重兒子的配偶是一個獨立的個體，不過也不能保證沒有金錢援助的婆家，就不會強迫媳婦生育。

總而言之，為了不讓婚姻成為江華島條約，最重要的還是，和我同一陣營的配偶，應該比任何人更要牢牢地抵擋來自他家的外部勢力才對。

15 譯註：位於首爾市中心，地價高昂地段。

去年初，我接到媽媽的電話。以往我只要和朋友講電話超過一個小時，我媽就會認為這是世界最大的罪惡，所以她和我講電話從來沒有超過三分鐘以上。但是那天互相關心寒暄之後，話鋒一轉，她說起和幾位阿姨一起去算命老師那邊，算年度運勢的事……

媽媽：如果你們今年懷孕的話，這孩子會是個福星啊！算命老師說：「這會是一個聰明又乖巧的好孩子，叫他們生吧，這孩子會幫妳小女兒很多忙的，如果媽媽您也能幫忙照顧的話……」我現在不用再幫姊姊照顧孩子了，可以幫妳帶小孩。反正他說如果妳生這個孩子的話，會帶給妳的人生很多好運的。如果生下這個孩子，妳和女婿的工作也會更加順利，妳跟這孩子有緣啊。還說現在絕對不晚，叫妳一定要銘記在心。

我：好了，別再說了，我不要生。

媽媽：喂，別吵！水原大叔、富川大叔都這樣說！

我：科科科科科科科科科科科

剛開始還心不甘情不願地聽著媽媽嘮叨的我，嘴角漸漸上揚，想著「一定要把這件事寫下來」，於是打開筆記型電腦，把媽媽說的話記錄下來，結果忍不住就笑了出來（**算命內容僅供參考，水原大叔和富川大叔都是媽媽常去的算命館的算命師**）。電話另一端媽媽大吼：「妳不要笑，好好認真聽！」媽媽狂吼的聲音就算把話筒拿得遠遠的也一樣聽得一清二楚。

掛掉電話後，我覺得實在很好笑，從未生過孩子的老爺爺們，坐在房間裡，對著自己連一面之緣都沒有的別人家女兒，以稀鬆平常般的口吻要她生孩子（**而且還收了錢！**），真是說多荒謬就有多荒謬。而且生孩子的話，會有一段期間沒辦法工作，竟然還說一旦生了孩子，工作就會變得順利，難道老天會自動給生孩子的撰稿人在稿費上追加尿布錢嗎？

最令人驚訝的是這種把戲竟然不只有我聽過，周圍幾個無子女的女性也說，從媽媽那裡曾聽到類似算命師的話，「生了孩子，好運才會進來，她晚年走子女運，如果不生孩子的話，晚年就糟糕了」等等。等一下，該不會在我們不知情的情況下，命理八字協會和低生育率高齡化社會委員會簽定了什麼合作協議嗎？

我會對公婆給予生產壓力感到不愉快，是因為他們既不是生我、養我的人，身為外人竟然還想要行使對我身體的控制權，所以會立即產生反感，但是來自自己父母的期待，則是我必須要解決的問題，同時也牽扯到每個家庭的關係。

宥琳：當我打電話給媽媽說自己不打算生孩子時，媽媽非常驚訝，我的心情也很不好受，畢竟讓家人感到受傷，對我來說也不是件開心的事啊。

當時我心想早知道就不要說了，但是我還是告訴她：「這不是為了別人，也不是隨便做的決定，而是我認為這才是我最想要做的事情，希望媽媽能支持我！」我媽雖然好像有聽懂我說的話，但是每當我說朋友的孩子很可愛的時候，她又會說：「改變一下想法吧！」她凌晨去聖堂祈禱禮拜，似乎也是祈求我能生個孩子。

「自己決定不生孩子之後，妳對父母有什麼樣的感覺呢？」愧疚感吧……雖然一方面也覺得這不是該感到抱歉的事情，但還是會感到內疚。很奇怪，幾年前媽媽生病時，突然覺得是不是該生個孩子，驚覺到自己會有這種想法時也嚇了一跳。心中竟然會有這種想法也是很神奇，該怎麼說呢？我大概是把「生孩子」想成是一種「孝道」吧……

我也很清楚，雖然這不是該抱歉的事情，但還是會感到歉疚的心情。父母珍惜疼愛我將近四十年，因為我的存在而感到幸福，可能的話，我也想讓父母高興。結婚後，每次聽到媽媽隨口說「該生個孩子吧」的時候，我也只是敷衍回答「嗯，我不要生」，但是媽媽就好像沒聽到那句話一樣，下次又會說「今年該生個孩子了吧」。

那樣的媽媽有一天彷彿帶著有些心灰意冷的口氣對我說：「我從來沒想過我的孩子會不生孩子」時，我感受到一種夾雜著歉意的微妙感情，但這也是沒辦法的事情。

廷媛：因為我有養狗，偶爾會傳些狗狗的照片給媽媽看，然後她就會意有所指地說：「好可愛啊，可是如果是妳的孩子會更可愛！」（笑）但我就是無視這句話，或是反問媽媽要幫我養嗎？

我最近稍微改變了策略，在傳狗狗照片的時候，就會加一句「媽媽孫子的照片」。「妳不會覺得很神奇嗎？我都已經長大成人了，媽媽到現在還是這麼疼愛我。」這是當然的啊，雖然很感謝媽媽還是這麼疼愛我，又常為我煩惱，但是我不想過著這樣的生活，看看我外婆到現在還是時常擔心著我媽，就可以知道父母與子女的關係真的是一輩子都切割不了的，我沒辦法承受那種一輩子都要無止盡地擔心。

浩庭：這三年來，我媽媽每天都拿小孩的事情來煩我，總是沒頭沒腦地天外飛來一句：「不管怎樣至少也要生一個吧」，反正不管用邏輯再怎麼清晰的理由去反駁也沒有用，所以乾脆一直說「不要」，後來我生氣了，媽媽也就沒有再說了。

「會因為沒讓爸媽抱孫而有罪惡感嗎？」為了要讓我有罪惡感，我爸媽還會故意給我看他們朋友孫子的影片呢。（笑）看到他們看著別人孫子的影片邊笑邊說好可愛，會稍微覺得有些抱歉，但本來就不是每個人都能享受所有的一切啊。媽媽看我看了一輩子，她其實應該很清楚，我是不會生孩子的。

其實，我媽媽似乎也漸漸明白了，家人都知道我只要一固執起來，不管怎麼說都沒用，所以我只要下定決心，這個問題也就沒有討論的必要了，只是媽媽要到完全放棄我生孩子的念頭還需要一些時間。

不過，後來姊姊的小孩出生、成長，我父母再也不需要羨慕別人有孫子可以抱，所以我也漸漸不再覺得抱歉了。當然可能的話，希望所有不想生孩子的女性都不要對任何人感到抱歉、有罪惡感、有虧欠感、甚至有「不孝」的感覺。接下來，珠妍分享她媽媽的故事，留下了深深的餘韻。

珠妍：我媽媽幾年前過世了，當我們告訴她決定不生孩子時，她說：「嗯，那就別生，生了孩子的話，會綁手綁腳成為束縛。」「那個時代會這樣說的人應該很少見吧？」我想可能是因為媽媽沒有過著屬於自己的人生吧！媽媽因為家境不好，也沒辦法多讀什麼書，從小就在家幫忙，結婚後賺錢養大幾個孩子，過得很辛苦，心中也有許多遺憾吧，所以她才會對我說：「只要做妳擅長的、做妳想做的事情就好了。」

在那通電話的一年後，也就是今年年初回娘家時，媽媽問我：「妳現在在寫的書是關於什麼內容啊？」心想該來的總是會來，我做好心理準備，小心翼翼地開口說：「這是一本關於決定不生孩子的女性的書。」媽媽似乎帶著「這世界真的什麼奇怪的人都有」的表情看著我，還嘆了一口氣，用一種在講別人家的事的口氣對我說：

「妳應該要寫生孩子的故事才對啊，韓國最大的問題就是人口斷層，我們國家的未來，真是令人憂心啊！」

居然就這樣結束話題了。現在媽媽擔心的是我們國家的未來，好像已經決定要放棄我的人生了，不知道為什麼我心裡變得好自在，呵呵呵地笑了起來。

雖然在之後的〈能維繫夫妻感情的，絕不是孩子〉的章節會提到，但是對無子女夫妻最常見的偏見之一，就是「明明是生不出孩子，卻假裝不想生」。這句話在貶低不孕夫妻的同時，也是在詆毀無子女夫婦。

受訪者大部分都是使用保險套，也會根據自己或是配偶的狀況，而使用其他的避孕方法，也有人是像我一樣，同時使用保險套和口服避孕藥兩種方法。為了徹底斷絕懷孕的可能性，其他還有採取輸精管結紮手術、宮內節育器（一種子宮內的避孕裝置，每天會分泌小量的荷爾蒙）、事後避孕藥等，各式各樣的避孕法，真的非常有趣。

閔夏：我二十三歲就結婚了，曾經很多人問我：「是闖禍了嗎？」「該不會是懷孕了吧？妳喝一口酒看看」。去年有四個朋友結婚，其中三個就是先有後婚的，因為大部分都是因為懷孕了才會早婚，所以像我一樣，沒有懷孕卻早婚的人，算是比較特殊的例子。

「你們是如何避孕的呢？」我沒有吃避孕藥，是使用保險套。「有些男人不是不喜歡使用保險套嗎？」雖然很多人會說用保險套的感覺很奇怪而不戴，偶爾也會聽到身邊的人這樣說，不過我無法理解這種藉口，特別是一夜情的人更需要戴保險套吧。

勝珠：我想選擇不生孩子的人，大部分都是責任感較強的人，因為很清楚知道自己的狀況吧！如果生了孩子卻無法負起全部責任的話，乾脆選擇不要生。我們避孕避得很徹底，因為絕對不能有失誤的狀況發生，通常是先生會使用保險套。「雖然機率很低，但是是否有想過使用保險套還是有可能會懷孕的情形？」是啊，所以如果用了保險套還是覺得不安的話，我一定會再吃事後避孕藥，因為要確實阻斷任何懷孕的可能性。

昭妍：上次過年到公婆家團圓完要回家時，婆婆問我：「雖然妳可能不想聽，但是就只問一個問題，妳的氣色看起來這麼好，感覺也比較圓潤了，該不會是有了吧？」我立刻回答：「媽，這是絕對不可能的！」因為我可是裝了宮內節育器啊！可能因為我的回答不是婆婆預料中的「不會啦」、「怎麼可能」，而是沒有前後說明，直接簡短明確地說「這是絕對不可能的」，所以婆婆受到相當大衝擊地說：「喔……是喔？」（笑）

那時剛好在電梯前道別，大伯姪子一家都在，彼此沒有多說什麼就離開了。我是在四年前裝了宮內節育器，那時我對生孩子的問題還處在不明確的狀態，但是裝完之後，也沒有懷孕的意圖，所以覺得沒必要特別拿掉。宮內節育器是以五年為一周期，需要定期進行更換，但聽說最近有更好的技術了。

廷媛：結婚一年左右，先生就去做了輸精管結紮手術，有時候先生是比我更強烈希望過無後的生活。嫂嫂家有三個孩子，雖然收入也不低，但是看得出來經濟上並不寬裕，覺得在現實中還是存在著許多問題。由於我們並不想改變決定，在討論過後先生就去了醫院，當醫生對他說：「再多考慮一下吧！」先生表示自己已婚且心意已決，所以就動了手術。

宰卿：以前只要聽到有人說：「要是懷孕的話就生吧！」我都會在心裡批評這樣的行為，即使現在我仍無法理解這些人的觀念，但也不會再說什麼了。決定要不要生孩子，本身就是一件令人頭痛的事情，竟然還把生孩子推給運氣，這難道不算是一種「韓式賭博」嗎？（笑）

而且我覺得自己比一般的韓國人更謹慎小心，媽媽還曾經對我說：「妳怎麼可能連一次失誤都沒有？」她是太不了解我才會這樣說。

對於避孕這件事，我每一次都是徹底做好防護措施。吃避孕藥的同時，也會使用保險套，現在正在考慮要不要去裝宮內節育器，最近先生也在諮詢輸精管結紮手術，去了四家醫院，因為沒有孩子，醫師都要他多考慮一下再來。

道允：我的體質不適合吃避孕藥，之前有兩次吃完避孕藥後差點在路上昏倒，所以只使用保險套，可是保險套不是百分百的安全，所以覺得很麻煩，只要生理期晚了，我就會很不安。

「如果懷孕了，妳會怎麼做呢？」最近大家一直熱烈討論墮胎罪的議題，所以如果因為怕犯了墮胎罪而無法墮胎的話，那我就要從樓梯上滾下來。「這方法我倒是沒有想過，但我可能會私下找醫院墮胎。」總之，我還是會盡量找醫院試試，但是如果不行的話，就打算喝很多酒，再從樓梯上滾下來。我先生的個性比較樂觀，聽到這話以後說：「一定找得到醫院啦～」（笑）結果先生在三十五歲左右動了輸精管結紮手術時，被詢問結婚了沒、有沒有孩子？他回答：「十月的時候生了一對雙胞胎。」所以醫生沒有再多問什麼，就直接幫他動手術了。

道允是我第四位的受訪者，宰卿是第五位。我聽了宰卿先生的經驗之後，便跟她說道允先生去醫院時說的話，宰卿就眼睛發亮地說：「喔，這個方法很不錯喔！」

我所訪問的女性們都相當積極以各種的方式來避孕，對於談論避孕也不會覺得不自在，但現實狀況是更貼近下方新聞所描述的情況。

在韓國，人們都覺得避孕是「女性的責任」，對光明正大討論「性」的女性，通常會帶著強烈的偏見，認為她們很「隨便」。根據世界衛生組織的調查，有百分之六十以上的韓國女性沒有做任何避孕措施，而將避孕全然交給男方。韓國人保險套的使用率在OECD國家中最低，只有百分之十一．五二〇一五年基準，在購買保險套的比例上，韓國女性只有美國女性的一半，未滿百分之二十。[16]

二〇一四年，保健福祉部製作了一張海報，海報的一位女性讓男性拿著她的手提包及一大堆購物袋，旁邊標語寫著「就算全都交給他，但不要連避孕也交給他」。這張避孕宣傳海報受到強烈的抨擊，由於海報上並未傳遞正確的避孕觀念，卻彰顯男性將不使用保險套視為勳章的文化意識，以及未考慮到女性難以對男性開口要求避孕的性別權力差異，而只是單方面要求女性必須對避孕負責。

這幾年，我們經常可以在電視上看到口服避孕藥的廣告，充斥著「女性自主」、「自我管理」

的行銷金句，相反地，對於除了避孕還有預防性病效果的保險套，相關審議標準則是相當嚴苛，在媒體上很少看見宣傳。

不管怎麼說，「既然不想生孩子，那為什麼不好好避孕」是我一直以來的疑問，但是不管怎麼想，似乎正確解答就是「因為男人不會懷孕」，所以才不會在意要避孕這件事，真是令人感到痛心。已婚者或是以結婚為前提交往的異性戀情侶中，很多人認為如果在沒有計畫下懷孕的話，那就只好生下來，但這個選擇對女性今後的人生將會產生非常大的打擊。

「孩子就是最好的嫁妝」這句話，讓我打從心裡感到不舒服。我堅定相信著，對於人類生活最重要的四字成語就是「沒保沒性」，也就是「沒有保險套，就沒有性生活」。

16 李允珠記者，〈反應女性要求的保險套……必須打破「表示的話很隨便」的偏見〉，二〇一九一月二十二日，韓國日報。

阿諾．史瓦辛格主演的電影《魔鬼二世》（*Junior*）中，講述一位幫助開發懷孕藥物的男醫生竟然懷孕，幾經波折之後生下孩子的過程，並且與卵子提供者的女同事陷入愛河。我沒有看過這部電影，不過宣傳海報上阿諾挺著一個巨大的肚子，睜著一雙驚訝圓圓雙眼的模樣，令人印象深刻。

勝珠：在研究所課程中，有個和芬蘭大學合作，討論社會結構設計的內容，主題大方向是如何將日本社會設計成適合女性工作、養育孩子的環境。但是在介紹課程的研討會中，到二〇四〇年左右，受精卵著床技術會變得相當發達，還提到了未來或許也可以讓男人懷孕的想法。如果男人和女人一樣都能夠經歷懷孕、生子的過程，社會或許就會稍微改變嗎？

聽了勝珠的分享，突然想起《魔鬼二世》的我，問她「如果男人能夠懷孕的話，會希望先生懷孕嗎？」因為勝珠的公婆是非常想要孫子的，勝珠笑著回答：「可能會拜託他看看，不過先生的年紀實在很大了。」我也問了之後的受訪者一樣的問題，對於這個想法最感到開心的，果然是承受來自公婆沉重生育壓力的閔夏了。

閔夏：如果先生能懷孕的話，那當然是最好的啦！男人本來就比較有力量，骨架也比較大，身體應該很快就會復元，這樣不是很好嗎？「配偶會接受嗎？」不會不接受吧？因為我不想生孩子啊，既然他這麼想要孩子，假設他自己又能生的話，當然就自己生吧！

是啊，如果想要孩子的人，又能自己生的話，大部分的矛盾不愉快就可以順利解決了。雖然育兒又是另外一個問題，光是可以降低女性懷孕與生產的負擔，就讓事情有了轉圜的餘地，就連比起配偶，自己更積極想過著無子女生活的女性們也是如此。

伊善：「如果男人可以懷孕的話，妳會想要小孩嗎？」可能會考慮一下，好像只會看到好的那一面吧。「這好像就是男人們的想法。」懷孕和生產都是會與孩子產生強烈的連結，如果這樣的連結不在我身上的話，我倒是覺得可以有個孩子。

「前提是讓先生懷孕、生產，並且成為主要照顧者吧？」這是當然囉，如果我生孩子的話，不管先生怎麼保證自己會成為主要照顧者，但最後我可以肯定主要照顧者仍會是我，因為孩子是我生的，自己當然也會很想要照顧吧。所以彼此交換立場，如果是先生懷孕生子的話，我會努力賺錢養小孩，反正先生選擇要生的話，我是不會阻攔他的。（笑）

子賢：雖然不到「生吧」的地步，大概會是「如果你不會不想的話，要不就生吧」，嗯……我應該會想要生個孩子吧。雖然很自私，但是對我來說，似乎沒有太大損失。（笑）

「先生生孩子的話，也會讓他成為主要照顧者嗎？」就算主要養育者是我，也會想要叫他生。不管主要養育者無論是誰，生孩子的人要做的事情肯定會多更多。而且我看先生的個性，他應該可以堅持下去，比起我，他比較不會有壓力。

修莞：如果是現在，應該還是不會生，如果男人也能生孩子的世界真的到來了，或許我會改變想法，對先生說：「你先生生看，之後我再來考慮要不要生。」

因為我的體型比較嬌小，先生比我骨架大，也是大家口中「骨架很好的身體」，他應該比我更適合生孩子。我決定不生孩子的原因之一也有一部分是擔心健康，所以最好先讓先生來生。

越聽越覺得這真是一個好主意，如果把懷孕、生孩子這件事交給體力、耐心都比我好，也比較會照顧孩子的先生，我自然而然退到輔助養育者的位置，我應該也會「幫忙」養育「我們」的孩子吧？

我既沒有先生那麼辛苦，又能有一個孩子，至少我沒有什麼損失吧？如果要我育兒的話（**就像大多數的爸爸做的那樣**），就算自己根本沒辦法一個人照顧孩子，連半天也做不到，但光想到自己不用懷孕跟生產，心裡就感到舒服多了。

✦

SBS綜藝節目《我家的熊孩子》裡，Tony的媽媽李玉珍女士曾經這樣說過。「我認為子女不是爸爸的孩子，是媽媽的孩子。孩子就像是媽媽懷抱了十個月的分身一樣，自從有了孩子以後，爸爸有貢獻過什麼嗎？」

主持人申東燁笑著說：「怎麼會沒貢獻呢？這句話讓人聽起來很傷心啊，我們有啊！」聽到這話的李女士再補上一槍：「男人只不過是發洩罷了！」

當時這段發言被視為是老年女性的「七十禁談話」開端，之後還被消費成「搞笑的當頭棒喝」，但是我認為她的言語中，包含了過來人經歷過的事實。

所以我們一面做著假如男人能生子的夢，一面也可以理解為什麼世界上許多男性會單方面宣告「結婚後要生兩個以上的孩子」，為什麼許多先生可以纏著光是養育一個孩子就已經累到暈頭轉向的太太，卻能輕易開口說：「再生個孩子吧！」（「聽到老大很孤單，該要有個弟弟、妹妹才行」這類的話，修莞說她會反問：「老大真的有這樣說嗎？真的是自己說了：『我沒有弟弟、妹妹所以很孤單』這種話嗎？」）

因為這些男人不曾親身經歷過用他的身體懷孕、生產，和孩子間也沒有臍帶連結，在此前提下面對生產與育兒如此諾大的責任感時，當然會顯得輕鬆自在，所以才會這麼泰然自若要求妻子生孩子啊！

雖然男性能生子的美夢落空，算是也得到挺不錯的領悟。

我身邊有幾個「外甥（姪子）[17]傻蛋」，只要關注她們的Instagram，就能知道她的外甥（姪子）的長相、名字、生日、喜歡的顏色、最近喜歡的歌曲等許多相關資訊。這些了不起的阿姨或姑姑們在聖誕節、生日，或是普通的日子，會送外甥（姪子）很棒的禮物。她們在假日會和外甥（姪子）一起過，也經常一起去旅行，而且令人覺得驚奇的是，她們在一起相處的時候總是很快樂。

我也有兩個還在上幼兒園的外甥，老大喜歡車子和數字，老二喜歡笑又愛吃，老大生日是在初冬，老二的生日是在春末……別說我是好阿姨，每次和他們見面的時候，我看起來就像是陌生人一樣，因此當我看到這些「外甥傻蛋」時，不知道為什麼都會有一股內疚感。聽說比自己孩子還要可愛的就是外甥（姪子），我到底是有什麼問題啊？

道允：媽媽曾經對我說：「妳有姪子的話，肯定會疼他疼到不行吧？」實際上真的有了姪子之後，我的感覺則是「嗯，是小孩啊！啊，就是姪子啊！」

呼，幸好不是只有我這樣。

伊善：姊姊曾經問我：「妳看到外甥後不會想生一個嗎？」但是我的想法正好相反。我在結婚前看到姊姊生完孩子後回到娘家待一陣子，當時看到育兒的真實情形後，才發現這可不是件簡單的事，當時連我媽媽都累到不行，還說：「外婆幫助照顧外孫是理所當然的事情啊，為什麼我會這麼累？」甚至還感到罪惡感。然而，姊姊卻認為媽媽本來就應該來幫忙，為此媽媽也感到很傷心。我想如果當時沒看到那些情形的話，我可能就會生吧。

伊善和我一樣，都有一個姊姊，兩個外甥，所以她也很有同感。雖然真相很驚人，但是直到外甥出生之後我才知道，原來小孩子是沒辦法獨自入睡的。我一直認為想睡覺的話，眼睛一閉不就可以睡了嗎？現實並非如此簡單，小孩餵完奶後，還要拍拍他的背直到打了嗝，這樣才不會吐奶，接著要抱著他，再輕輕拍他的背，才會停止哭鬧漸漸入睡。

我在寫這個段落時，因為不敢相信這事實，於是詢問老二才剛出生一百天的朋友後，得到

17 譯註：韓文中的外甥與姪子都是조카。

了以下的答覆。

「抱著孩子坐下來的話，孩子根本不會睡，因為孩子的腳會亂踢，並踩著媽媽的大腿想要站起來，所以得要抱著孩子走來走去才行。育兒過程照顧者的手腕、肩膀、腰，甚至腦子都得全部上場。」啊，真是超沒效率的存在啊！

所以說，光靠父母兩人的力量來養育一個孩子，幾乎是不可能的，至少需要三個成人，可能的話四人以上會更好。我的雙親因為住在姊姊家附近，在外甥們的成長過程中也提供了無數次的照顧勞動，就連住在不遠處的我，在緊急狀況時偶爾也會被要求去幫忙，雖然我從未欣然前往過……總是會忍不住嘟嘟囔囔，難免會有些愧疚和心酸的感覺。

和我的個性完全不同，做事有條不紊的姊姊凡事都會提前準備，也會按時完成，如果不是因為孩子，她通常是不會拜託我什麼事的。雖然我是這樣想，但是不代表下次叫我去幫忙照顧外甥時，我會比較心甘情願就是了。

伊善：其實我很討厭姊姊每次傳訊息給我的時候都用「阿姨～」當開頭，而不是用「伊善啊」，就好像是外甥傳給我的一樣。「阿姨，今天不出門嗎？」看到這種簡訊會有點煩躁，這樣真的有些卑鄙啊……真讓人沒辦法拒絕啊！可是明知如此也還是會去。（笑）

前幾天和他們一起去了游泳池，姊姊一個人要帶兩個外甥去，所以要我也跟著一起去，我雖然是帶著做善事的心情去了，但真的好累啊！之後，自己一個人回家，想到事情能有結束的一刻，不禁感到非常幸福。這次已經去了游泳池，短時間內應該可以不用再去了吧？游泳池的運動量真的很大啊！

竟然是游泳池，那情況光是想像就已經很累了，但是伊善立刻反問：「但是妳不覺得姊姊生了孩子以後，心情變得輕鬆許多嗎？」

沒錯！我曾經看過媽媽抱著三歲的外甥，對他唱著歌，「啦啦啦啦啦啦手手握拳頭，啦啦啦啦啦吹吹小喇叭」的樣子。當媽媽每次唱到「啦啦啦」時，外甥就會咯咯地笑，我看見媽媽一臉幸福地看著外甥，知道這是我沒辦法給媽媽的喜悅，現在總算有了可以讓媽媽幸福的存在，讓我非常感激。

如果不是有個已經生孩子的手足，要我像現在一樣決定不生孩子的話，心情肯定更加不自在。大部分受訪者或配偶如果有姪子（外甥）都表示「相當慶幸」。對於無子女夫婦來說，姪子（外甥）雖然讓人能夠更具體了解育兒的現實，卻也是能減少來自父母的生育壓力之最佳擋箭牌。

「反正這是我的人生，不生孩子是我的選擇。然而，手足有孩子的事實，為什麼會讓我們這麼安心呢？」對於這樣的問題，也有人給出不同的答案。

昭妍：我對於家人之間的「文化延續」曾經思考了許久。成長過程中託父母的福，有過許多美好的經驗，但我選擇把美好的經驗回饋到社會上，這其中有從家族中一直流傳下來的部分，若那些都消失不見的話，真的會有些可惜。假設妹妹沒有生孩子的話，或許我就會生一個吧。這麼一來，娘家父母的育兒資源就會到我身上，情況或許就會有所不同。但是妹妹生孩子後，父母跟妹妹都對我說：「妳如果生孩子的話，幸福感肯定是會大幅降低的類型啊！」（笑）所以我非常感謝妹妹生了小孩。

其實，我也很感謝姊姊生了孩子，不只是父母的緣故而已，也把我從原本狹窄世界連結到一個我完全一無所知的世界。野狗牙作家的漫畫《足下》的主角恩南是個不婚主義的女性，因為意外懷孕而匆匆結婚的弟弟夫妻，以及剛出生的姪子一起回到父母家後，在自己成為「姪子傻蛋」的同時，也不斷意識到自己是在水深火熱的育兒世界中屬於「隔岸觀火」的旁觀者。

聽到「姑姑也很想要有個孩子吧？」這句話，雖然臉上帶著笑容，但內心卻是下定決心「不，絕對不要」，間接體驗到一個人是如此平凡又艱難的成長的她心裡卻是這樣想。

看著在我身旁來來去去的孩子與他們的父母，我的眼光明顯變得柔和而溫暖。一張張白皙圓潤的小臉與擔心、疲倦、煩躁的臉之間，究竟是有多少大大小小的事件交織而成的呢。

沒想到，原本充滿在恩南內心的人類愛，卻因為地鐵上一個坐在旁邊一直用腳踢著她的孩子，與一個對自己孩子亂踢人視而不管的養育者，馬上就粉碎一地。

不過，我一想到外甥，也會想成為更寬容的大人。所以如果姊姊和外甥需要我的話，下次我不會再嘟嘟囔囔抱怨了，但同時腦中也產生另一個想法。

「可是我應該還是沒辦法跟外甥一起去游泳池……」

「如果有一天我們可以住在一個有庭院的家……」

我和先生有時候會想像著我們退休後的生活，然後結尾總會是這句話：

「有狗狗和我們做伴。」

現在我們是住在一間連一個花盆都擠不進來的老舊公寓裡，而且還存在著如果房東要我們搬家或是他要賣掉房子，隨時得找房子的不安，所以能夠和如家人般的同伴動物一起生活，對現在的我們來說，如同遙遠的未來夢想。

「我有下載了PAWINHAND（這是提供領養流浪動物、尋找失蹤動物相關服務的APP），而且常常點開來看，總是考慮著要不要領養一隻狗狗。」

伊善住在首爾市中心，她雖然很想領養一隻同伴動物，卻因為各種條件而猶豫不決。

「一想到每天都得帶牠去散步，還有其他因素，就會想『算了吧』……」

其實我也擔心就算未來能住在一個有庭院的家，我是否能對一個生命負責，並好好照顧牠一輩子呢？接著，伊善說了很有意思的話。

「如果我養了寵物而且很疼牠的話，擔心有些人會覺得我是因為『孤單』才養，並帶著憐憫的眼神來看我，所以我也是因為這點而猶豫不決。」

我想起幾年前觀看的連續劇裡，無子女的夫妻把狗狗當作孩子疼愛的模樣。究竟對無子女夫妻而言，和寵物一起的生活代表著什麼意義呢？

「老實說，你知道在韓國當個養貓的媳婦，生活會有多辛苦嗎？」

這是紀錄片《B級媳婦》中非常重要的台詞。電影內容並不是述說無子女夫婦的故事，這段話是出自該片導演宣浩斌的夫人金鎮英的回憶，當時她在和導演談戀愛，和他的母親見面時，對方知道自己有養貓，之後還打電話到公司向她攤牌：「妳要養貓的話就不能結婚。」

「我如果有想把貓送走的念頭，一開始就不會帶牠回家了。即使我多次明確表達自己的意思，但婆婆始終堅持要把貓送走，還說：『我來找送養的地方。』接著就掛電話了。我真的非常驚訝。」

英智：婆家的某個親戚曾經對我說：「如果你生孩子的話，就會把貓丟了吧？」她怎麼可以說出這種話？為人父母，不是更應該要熱愛生命啊，真的太不可思議了。

所以我就反問她：「為什麼要丟掉？貓咪可以活二十年啊。」可是對方竟然說一邊養孩子，又一邊養貓，真的很不像話！令我驚訝的是對方還跟我年紀差不多呢！

我非常驚訝英智竟然也聽到類似的話，但不是只有「養貓的媳婦」會被婆家的家人干涉，就連身邊的其他人也會這麼做，當然也不是只有養「貓」的媳婦才會經歷這樣的事情。

英智：我偶爾會遇到老是把所有事情都扯上貓的人，以前在補習班工作時，有位上司曾經對我說「不要過著只養貓卻不生孩子的生活」。我在領養貓的時候還沒有決定不生孩子，更何況養貓也是可以養孩子的啊，兩件事情完全沒有牴觸，但是很多人看到沒有孩子卻有寵物的人，就會覺得這個人對人類沒有情感，對動物卻非常狂熱。

閔夏：公婆不太喜歡狗，但是先生實在太想養狗，所以偷偷帶回家養，雖然過沒多久就被公婆發現了。之後參加周歲宴時碰到了先生的表弟夫婦，他們家也是偷偷養狗，問他們為什麼偷養，他說因為他父母覺得「養狗的話就不會有孩子」。不過，他們已經結婚三年了，也還沒有孩子。

對於認為結婚最重要且最終目標是生孩子的人來說，無子女夫婦所養的同伴動物既不是珍貴的生命，也不是家族一份子，而是妨礙生育的因素。

如果女性愛惜的不是自己生下的子女，而是寵物，很有可能會被別人認為，她們是因為「怕寂寞」，要不然就是「超級熱愛動物」。

但是，同伴動物對於無子女夫婦，就像是孩子對有子女夫婦來說有著同樣的存在意義，在生活各方面也會影響著無子女夫婦。

英智：自從因為結婚搬了家後，我就一直一個人在家。先生凌晨就出門工作，晚上很晚才回家。我每天都淚流滿面，曾經想過：「我到底是為了什麼才結婚的啊？大家都叫我生孩子、叫我做飯給先生吃，到底是為什麼？」我家住在十樓，常常想如果從這裡跳下去，乾脆地了斷之後，一切就可以重新開始了。然而在養貓以後，我的心情出現了一些變化。貓咪對我來說，既是我的一部分，也是我生活中的一部分，即便我不知道自己對這些毛孩是否有著強烈的愛意。

但是當我想要拋棄一切逃跑的時候，牠們總是讓我想到「我得好好養這些毛小孩，得要賺錢才行啊」。現在我有需要照顧的對象，這件事成為我應該要好好生活的理由，這大概就與父母的心情差不多吧。

道允：幾年前，我養的貓咪突然生病過世。那是我第一次體驗到「喪失寵物症候群」（Pet Loss，同伴動物過世之後經歷的喪失感與憂鬱症狀的感覺）。我完全無法忍受沒有牠的日子，睡覺睡到一半會哭著醒過來，我擔心哭聲會吵醒先生，就躲到別的小房間撕心裂肺地痛哭。

我先生也一樣受到極大的壓力，連飯也沒辦法好好吃，可是兩人在一起的時候，他又會強迫自己吃飯，他可能是擔心我，也擔心自己吧！那時先生為了我努力堅強起來，我也因此而得到了些許安慰。一方面我心裡雖然非常悲傷，另一方面也確信和這個人過一輩子是正確的選擇。

長輩們不是都說一邊養育孩子，自己也會一邊成長，學到很多東西嗎？雖然孩子和貓咪不同，但是我覺得在養貓的過程中也學到了很多。

我們家的第五隻貓在街上流浪了好長一段時間，所以社會性有些不足，一直處在自我封閉的狀態，也不容易與人類親近。有一天，我走進牠的房間餵牠吃飯時，牠一面用身體摩擦著柱子，一面對我哈氣，那時我發現其實牠是喜歡我靠近，不是討厭我才哈氣，是因為牠太膽小的緣故。在牠身上我學到了膽小的人為了要隱藏自己的真心，就會先耍兇狠來壯大自己。

她們透過同伴動物找到的生活重心或意義，一同克服傷痛、累積彼此的信任、照顧脆弱不成熟的生命、變得更理解他人，她們的故事與我想像的「快樂生活」太不一樣了。

以下漢娜所分享的個人經驗，讓我們深思同伴動物是如何影響自己看待他人與世界的角度。訪談當時，兩隻溫順且感情很好的貓咪，踩踏著好奇又輕盈的腳步，在我們的周圍一直繞來繞去。

漢娜：這兩隻貓咪曾經一起走失過。那時我和先生在濟州島舉辦結婚典禮，所以把貓咪寄放在他處，聽說在打開門的瞬間，兩隻貓就一起跑出去了。我接到電話說其中一隻在一天之內就找到了，可是另一隻卻不見蹤影，正好走失的這隻每天都要吃藥，如果不喝水的話就會生病。

那時我們貼了幾千張傳單，每天花十二個小時以上一面呼喊著貓咪的名字，一面喊著「飯飯喔～吃罐罐～」到處尋找著貓咪的蹤跡，最後總算在第十一天，在很遠的地方找到了牠。尋找過程中有一次要貼傳單，我在剪膠帶時不小心割傷了大腿，但一點都不覺得痛，而且完全沒有任何感覺。直到聽見有人說「妳流血了！」往大腿一看才發現血跡斑斑。「原來當父母失去子女的時候，就會像是這樣感覺不到痛……」。

貓咪走失是發生在世越號事件之後。光是貓咪走失我都急得快瘋了，這些世越號事件的父母卻不能跳進海裡找尋孩子，那種失去孩子卻無能為力的心情該有多悲慟啊！

世越號事件之後，隨著時間流逝，我對於那些指責世越號事件家屬的言論感到很難過，在那些毫不留情批評指責的人之中，應該也有為人父母的人啊，這令我難以理解。

在聽了漢娜的分享之後，我明白要理解他人的痛苦，不一定要有「同樣」的經歷，重點也不在於對象是人類小孩、還是毛小孩，又或者是我的孩子、他的孩子，而是在於了解「愛」的那顆心啊！

因為我深愛著「這個」存在，所以可以體會其他人深愛的另一個生命體，也是相當重要的存在，是漢娜教會了我這個道理。

這是我在過了三十歲，邁向四十歲的時候領悟到的事。女人的友情大概可以用「結婚」進行第一次「斷捨離」，之後又會以「生育」做第二次「整理」，這是由於在經歷這兩個重大事件後，彼此的生活型態、居住地方、關注事項、親密度、空閒時間、經濟花費、自由與責任問題等方面，都會變得不太一樣。

在生小孩之前，原本是普通的「A朋友」「B朋友」，但在她們生了小孩之後，即變成「只有每周六中午才能見面的A朋友」，以及「只有去她家才能見面的B朋友」，這樣的改變是十分常見的。當媽媽的朋友們和沒生孩子的朋友們之間會出現一些微妙的矛盾。

不管是因為朋友要照顧孩子或懷孕，所以無法參與自己人生重要的時刻，或者不管聚會、旅行都得帶著孩子參加，又或是朋友的先生無法確定「幫忙看」孩子的時間，而沒辦法決定聚餐日期……在上列的情況下若想要維持雙方的友誼，就需要相對「行動較自由」的未婚或無子女的女性多配合朋友一些。

假設類似的情況不斷反覆發生，未婚或是無子女的女性很容易覺得心理不平衡而悶悶不樂。此外，在團體中自身的情況屬於多數或是少數，氣氛也會不同，然而只要產生過幾次不愉快，友情就會出現裂痕。而且不想生孩子的女性與未婚的朋友、已生孩子的朋友、計畫生子的朋友之間都很難形成共識。

「我本來以為和未婚的朋友相處會更自在，但對方卻不這麼認為。」

伊善跟我同年，我對她的這句話深有同感。

伊善：大學朋友裡除了我以外，大家都有孩子了。朋友剛生孩子時，真的不知道見面該怎麼相處，而有些手足無措，不過這種事情只要多遇過幾次就習慣了，也接受對方如果有孩子的話，就很難聊一些深入話題的事實。

但是不久前，在五人聚會上，其中一個朋友正懷著第二胎，再過兩周就是預產期，另一個朋友是第一次帶孩子來參加聚會。整場聚會話題全圍繞在「孩子」身上，我根本插不上嘴。我可以理解有了孩子，多少都會提到跟小孩有關的話題，也會想要分享育兒訊息，但是那次的聚會實在是太無聊了，所以我有些難過。

朋友們就連「伊善沒有孩子，要不要換個話題」那種體貼的感覺都沒有，而且要是由我主動轉移話題的話，不就變成我很不識相了嗎？加上那天聚會地點很遠，時間又拖很長，真的覺得精疲力盡。

也許有人會覺得這也不是什麼大不了的事情，那他們可能真的是不了解這種心情。當我意識到自己是無法從這次的聚會中得到安慰和快樂，只是為了和朋友們維持關係，而不得不留在座位上的時候，那是一種很複雜的心情。如果參加聚會的人除了我以外，其他都是有孩子的朋友的話，我也是幾乎不會開口，因為光是聽她們的媽媽經就忙得不可開交了。

✦

沒有孩子的日常生活，整體來說是相對平淡無奇的。生活中的意外波瀾通常都是因工作而起，和不同工作領域的朋友詳細說明似乎有點多餘，加上我是自由工作者，也沒有值得一起咒罵的上司，在每天通勤，身處組織中而倍感壓力的人面前，我擔心自己的煩惱就像是無病呻吟，所以乾脆閉上嘴巴。

相反地，有孩子的朋友們，生活中總是有新奇的話題，孩子上小學、開始學游泳、參加比賽得獎、因為和朋友吵架而擔心不已……，孩子周圍的人際關係會和媽媽的人際關係重疊，所以也會聽到班導師或媽媽朋友的事情。

隨著朋友們的孩子成長，我聽著這些跟我日常生活無關的故事感到津津有味，卻無法插入任何一句話。每當我感覺到自己無法融入話題裡時，總覺得心情很微妙。我雖然是大笑、拍手聽著這些故事，卻沒有參與對話的資格，就像個旁觀者一樣。

子賢：我的高中同學，還有第一個職場的同事，除了我以外，她們都各有兩個孩子。聚會時，她們一定會把孩子帶來，卻不會事先告知，不過彼此都很熟，所以也不意外。當然有孩子在場，我們當然也沒辦法好好聊天。因為我常去美食餐廳，所以每次就由我負責找餐廳，但得找適合小孩子去的餐廳。最近朋友的孩子們長大了，食量也變大，雖然這樣聽起來好像我很小氣，但分擔費用卻是以成人的N分之一來計算耶！

我覺得這不是小氣啊！據說為此煩惱的子賢跟另一位有孩子的朋友提了這個困擾，這位朋友說如果她要帶孩子參加聚會，會事先知會子賢一聲，希望子賢能多擔待一些。因此她建議子賢要不要下次就跟那些朋友們說說看，子賢打算聽從建議，等下一次聚會時，再跟朋友們說看看（不過如果是我的話，可能不敢這麼做）。

子賢：「有孩子在的話，我會覺得不自在也覺得累。所以如果妳們沒辦法找到人顧孩子，那這次聚會我就不去了，要不然就延期。」說這些話是有點過份，但今天換作是我的話，如果我要出門，先生就得要帶孩子，然而朋友們卻都活在媽媽無法單獨出門的困境裡。

她們很難過地對我說：「那是因為妳先生是神隊友啊！」所以我更無法回嘴說：「孩子又不是妳一個人生的，是兩個人一起生的啊，去叫先生帶孩子吧！」最後朋友們說：「那就延期吧！」結果到了聚會當天，她們說孩子找不到人顧，又把孩子帶來。

以上這段分享有個重點，女性的友誼會因為結婚與生產而出現嚴重裂痕，主要是女性漸漸失去自由的緣故。這裡不是指丈夫將妻子關在家裡（當然這種情況也不能說完全沒有），女性在結婚時離開原本居住地，搬到配偶所在地或是配偶工作的地方，會比丈夫搬到妻子所在地更常見。因此對妻子而言，與朋友之間就會產生距離，當然，對生了孩子的女性來說，最不夠的還是時間了。

《華盛頓郵報》記者布莉姬．舒爾特（Brigid Schulte）撰寫一本關於現代人被時間追著跑的書《不勝負荷》（*Overwhelmed*），其中說明了性別不平等對女性的生活帶來了影響。

對生活的期待與現實的不一致，在女性生完孩子後最為明顯。根據時間研究顯示，特別是要出門上班，有職場生活的媽媽們，才是地球上最沒時間的人。媽媽們的生活之所以辛苦的理由，不只是「負擔過重」而已，以社會學的用語來說，是勞動密度（task density）過高的關係。意即媽媽們同時兼任許多角色，而且各個角色必須要處理的事情過多，責任也過重。

書中也提到，即使是不用上班的全職主婦同樣也會被時間追著跑。就像是「腦海中有個二十四小時不停播放的錄音帶」一樣，腦海中會突然想起所有必須做的事情，這被稱為「汙染時間」（contaminated time）。許多女性就算孩子沒在身邊，還是會不斷想起家事和育兒問題，（詛咒那些每隔三十分鐘就打電話給好不容易出門的配偶，問說孩子的衣服在哪，冰箱裡有哪些東西要熱來吃的先生們！）她們會因此趕忙離開聚會，在回家的路上順便去買晚餐或是育兒用品。

宰卿：我很難和有超過兩個孩子的朋友維持友誼，因為那個朋友是絕對沒有時間保持彼此聯繫，特別是在孩子上小學前，更沒辦法經常見面。我通常不太會參加有孩子朋友們的聚會，因為大家的時間會非常難喬，所以都是另外和她們單獨見面，只有這樣才有可能和她們好好聊天。

和有孩子的朋友見面時，我覺得因為我比較有時間，所以我辛苦一點去見朋友是理所當然的。當朋友聊起孩子的話題時，就回答「原來是這樣啊」，靜靜聽她們說。生活中比起是否有小孩，因為身處不同的環境，或是因距離而疏遠關係的情況也很多。

隨著簡訊和SNS等技術的發達，大家都可以隨時分享自己的日常生活近況，人與人之間的物理距離在某種程度上是縮短了，可是心理距離又是另外一個問題了。

閔夏：我有個三人的聊天群組，我和兩位朋友都已婚，不過我和另一個朋友不喜歡小孩，所以都沒生。一個月前剛生完孩子的朋友一直上傳小孩的照片。唉……嬰兒可愛是可愛啦，一開始看當然很可愛啊，可是一直這樣傳，讓我忍不住思考「我到底要回答什麼才好？」所以漸漸就沒有回應，結果那位朋友就不開心了。不過，後來朋友也沒再繼續計較，又恢復原本的氣氛，反正就是轉移話題囉。

另一位受訪者則說當她看見群組裡朋友們不斷上傳數十張孩子的照片和影片，臉上不禁露出了苦笑，因為她是群組裡唯一一位無子女女性。當下我想起了一位未婚的朋友曾經告訴我，如果看了別人孩子的照片或影片後，覺得沒什麼好說的時候，有個回答的訣竅。

首先用又大又爽朗的聲音，把妳看到的畫面直接完整地描述出來，再用感嘆詞做結尾就可以了，像是：「哇，她穿紅色衣服耶！」「哇喔，她現在已經會走路了耶！」「天啊，妳看看他笑的樣子～」她還分享了其他朋友也覺得有用的話：「孩子和你長得一模一樣！」可是這句話只能用一次，沒辦法多次使用。但是，我聽了英智的分享後，卻明白不管說什麼話，還是有可能會被打槍。

英智：雖然我對新生兒不了解，但是身為升學補習班的講師，現在是在教中小學生，所以朋友的小孩要上學時，她們常常就會問我很多問題。我本來就喜歡談論這些話題，而且媽媽們有什麼想法對我來說也很重要，所以彼此很聊得來。可是談到最後，如果朋友和我的意見對立的話，她們就會說「妳是沒生過孩子所以才這樣想」來否決我的言論。

那麼我們到底該怎麼做呢？伊善表示：「可以等到孩子稍微大一點再約，要不然就是短暫見個面就好。」是啊，等小孩升上小學三、四年級後，情況就會好轉很多，因此對我們來說，現在需要的就是等待。

另外，我還想要說，沒必要「所有人」「經常」聚在一起。（還有像是大家各自存一筆錢未來一起去旅行，或是定期繳交聚餐費用的互助會，這些很容易會因為各自的狀況改變而鬧翻，或是在過程中發生糾紛，所以像餐費這種能一次結清的當場解決就好）對此宰卿做了一個整理。

「我認為該如何和有小孩的朋友交流，是屬於『成人教養』的範圍中，如果彼此不願意互相配合體諒的話，那對方就不是真的朋友。」

這句話說的沒錯，真是一針見血。一旦出現了這樣的想法，我們也只能坦然接受「雖然彼此曾經是好朋友，但現在也不得不疏遠了」，這不也是生活的一部分嗎？如果勉強維持曾經結下的緣分，這樣在友情中，比起獲得的快樂，壓力會更大。當壓力越積越多，會演變成不滿的心情，甚至會變成厭惡。

重要的是，在友誼中希望可得到最起碼的相互尊重，而下定決心對缺乏體貼的朋友們，表達自己立場的子賢回覆說：「沒想到後來高中同學們就另外開了一個群組。」並一派輕鬆地補充說。

子賢：即使如此，我並不覺得我的人際關係會因此變得狹隘。因為我選擇勇於做自己，反而和一些以前可能不熟，但是現在有共同話題的人見面聊天，或是和一些與我有相同興趣愛好的人變得更加親近。

像這樣女性和朋友間關係會出現裂痕，我一直在思考男性，特別是「當了爸爸」的男人們，是否也會因為類似的問題而煩惱、難過，甚至會和朋友疏遠？後來我才知道大部分的男人並不會有這些困擾。

因為爸爸們不會找不到人顧孩子，所以根本無須煩惱到底要不要參加婚喪喜慶而發愁，完全毫無懸念地就去參加了。此外，朋友間也幾乎不太談論孩子的事情，除了要對沒孩子的朋友炫耀之外。（「孩子超可愛的！你們也趕快生！」）當然和朋友聚會時是不會帶可愛的孩子去的（雖然不是什麼重要的事，但他們在群組裡也幾乎不會分享孩子的照片）。最重要的是，男人們在周末和晚餐時從來不用擔心，或是得看配偶的臉色，覺得自己應該要顧好孩子，因為孩子本來就是媽媽在照顧的。

基於以上原因，我倒想問問那些認為「女人的友誼」比「男人的義氣」膚淺、微不足道的人，女性之所以很難維持友誼，真的是因為女人獨有的「心胸狹窄」的性格使然嗎？或者這單純只是個人問題？請好好捫心自問一下。

我和二十多歲不婚主義的女性聊天時，聽到這樣的想法。

「我跟媽媽說我不結婚，結果媽媽說：『該不會是因為我的關係吧？』小時候因為我父母常常吵架，她問我是不是因為這樣，而對婚姻產生負面的想法？甚至還向我道歉，但我決定不結婚和父母並沒有關係。」

其實我決定不生孩子的時候，也有類似的擔心。怕父母會不會覺得我不生小孩子，他們自己需要負責任？但是這個決定和父母沒有關係。但另一方面，我又覺得人生中許多抉擇其實是很難完全擺脫自己根深蒂固的原生家庭的影響。

宥琳：以前我說不結婚時，媽媽曾說：「是因為看到爸爸媽媽這樣生活，所以才……」當我說不生孩子的時候，她又說了同樣的話，聽了真的很心痛，可是仔細想想其實也不是完全沒關係。

我曾經思考過，在我看來，我媽真的是一個很了不起的人，可是結婚究竟對她的人生有加分嗎？媽媽在一旁輔助爸爸，照顧我們長大，雖然她不會覺得自己很不幸，但是經濟大權掌握在爸爸手上，她想做什麼都會受限，只能依附著爸爸生存。雖然不能說是「因為媽媽」所以我不結婚、不生孩子，但是也不能完全說沒有影響。

英智：看到父母，尤其是媽媽為了我們付出一切，身為女性的我並不想要那樣生活。媽媽從小就告訴我們姊妹倆：「妳們以後生活不要依賴男人，經濟一定要獨立。」但是在我說不生孩子以後，她卻說後悔了（笑），應該要從小就跟我說：「遇到好男人後，要好好生活」才對。

我也是在父權體制下，看著父母背影長大，全身每個細胞都能感受到婚姻制度的不平等。曾經是教師的媽媽和九個兄弟姊妹中身為長男的爸爸結婚後，生下我們姊妹二人，自從因爸爸的工作而搬了家後，媽媽就辭去了學校工作。在她的婚姻生活中有十年是和公婆一起住的，在公婆過世以前，照護他們的工作全都落在身為長媳的媽媽身上。

對教育相當重視的父母盡可能提供我們最大的資源，其中不只金錢，還投入了大量的時間與勞動力。就像英智的媽媽那樣，我們家也是以「女生也要努力讀書，才能找到好工作」的觀念來養育女兒的（**當然兩個女兒到三十五歲都還不結婚，兩老內心也是急得要命**）。雖然我很感謝非常有責任心，個性幾乎和我一樣是以自我為中心的爸爸，但是我對身為長媳、妻子、母親的媽媽，一直以來過著不斷付出勞力，卻不常被看見的歲月，產生了非常複雜的情感。

另外，與母親犧牲奉獻脈絡不同，在不生育的原因中，也有受訪者分享了是因為曾受到父親家暴的緣故。

閔夏：小時候我爸爸的脾氣非常不好，只要喝了酒就會打媽媽，也會打我。最後原本只一味挨打的媽媽也開始反擊，還跟爸爸吵了起來。我成年之後，他們就比較少吵架了，現在爸爸可以說是少了牙齒的老虎？（笑）從小就看到家暴和不愉快的家庭生活，好像影響了我對「不想生孩子」的想法。而且我不知道喝了酒以後，我會不會也不自覺地使用暴力，對此有些害怕。「擔心自己和爸爸會有類似的地方？」嗯，我的確多少還是會擔心。

漢娜：我從小家境就不太好，所以媽媽總是非常辛苦地工作，而爸爸就像電影或連續劇裡面演的一樣，喝了酒就會完全變成另一個人的那種角色。只要父母一吵架，家裡所有的玻璃就會被砸碎，到處血跡斑斑，是相當嚴重的家暴。不想要孩子的念頭可能是從那時候開始的吧，我想如果沒有做好撫養孩子的準備，為了孩子的幸福，最好不要生。

對於受訪者來說，父母們的婚姻生活，與他們身為父母表現的模樣，在她們各自描繪自己期望中的家庭形象時，有些情況便成為了負面教材。寶拉說：「爸爸一輩子都覺得只要有賺錢養家就可以了，其他事都不管，而讓全家人都過得很辛苦，所以我在考慮配偶條件時，最重要的一點就是會顧家，而且必須是願意站在我這邊的人。」看著雖然不是常常吵架，但是彼此有些距離，互相不理解的父母長大的允熙則認為：「對孩子來說，夫妻還是要懂得傳達對彼此的愛意會比較好。」

但是，與其說是因為「父母的關係」，其他不生孩子的因素，也在各自生活中佔據著不同程度的比重。英智認為不需要過度解讀父母的影響有多大，「父母並不是具有決定性的關鍵」。

英智：如果不生孩子的理由有一百的話，父母的影響其實不到十%，可是人們只要聽到有跟家庭相關的因素時，就不會去看另外剩下九十%的理由，只是一味以為「果然是因為妳有不幸的成長過程啊……」的想法，而接受妳不生孩子的事實。

我也深有同感，就算父母的人生和我期望的夫妻樣貌有所差距，但是無論如何都不能說身為他們的子女生活是絕對不幸的。最重要的是透過訪談，我了解到因為父母一直以來的疼愛與信任，會對女兒的選擇給予正面影響。即使我決定不生孩子，父母也願意支持我的決定，我想這是非常值得欣慰，也是相當偉大的事。

勝珠：我的媽媽是位老師，所以非常忙碌；爸爸是警察，經常凌晨就出門上班，或常常不能回家，但是他們還是會一起做家事，也會抽出時間帶我們到處走走。雖然要撫養三個孩子，在經濟上並不寬裕，但是孩子想做的事情都盡可能地給予資助，也表示支持，並且說：「只要妳努力去做，不管什麼事情都可以成功的。」我父母現在過得很幸福，包括生育的問題，他們從不干涉我的決定。多虧有這樣的父母，我才能成為一個自立自主的人。

昭妍：我知道不管我做什麼選擇，就算是決定不生孩子，父母對我的愛永遠都不會改變。假使哪天我生了孩子，他們肯定會很高興，但那是因為有了新生命而產生的興奮心情，絕不會因為我不生孩子而減少對我的愛，或是對我失望。

有一次我和不生孩子的朋友聊過，「孩子從出生開始養的話，真的很辛苦，如果某天有個五歲的孩子突然從天而降就好了！」「十二歲的孩子會不會比較好呢？」「如果青春期才養的話，不是很累嗎？」「接著就是大學聯考的地獄之門，應該會更累吧？」以隔岸觀火的心情胡言亂語的我們，最後以「還是當我成了白髮蒼蒼的老人時，有個三十歲左右，還在上班的孩子來照顧我的話，會是最完美的」作為結尾。不過，回想自己三十歲是一個怎樣的子女的話，似乎也沒什麼好期待的啦……

雖然我不知道父母是抱著什麼想法，但是我卻有著不知哪裡來的信心，深信對父母來說，有一個像我這樣的女兒是件很美好的事。雖然現在我沒有孩子也感到很幸福，但是當我到了和父母一樣的年紀時，沒有像我一樣的女兒或許還是會感到有些可惜吧。

我看到一則訪問[18]，被訪問者是在Instagram刊登《W的小小想法》日常漫畫的朴慧媛作家，和同齡朋友結婚邁入第十年，她談到「在韓國身為頂客族夫妻的生活」所經歷的各種無禮、同情、歧視等小故事。朴作家在訪問中這麼說。

「我們是還在煩惱『孩子』問題的夫妻，一開始當然是抱著『兩人世界很自在舒服』的心情，可是隨著時間流逝，漸漸對生孩子、養育孩子時必須要負擔的責任產生了沉重的壓力感。（中略）無論做出什麼選擇，都是為了我們兩人的幸福，並且希望彼此能夠一起攜手堅持這樣生活下去。」

但是這樣毫無瑕疵的回答，竟然在短時間內出現了三百多則留言。雖然有不少尊重與支持兩人想法的留言，但也有如砲火四射般訓斥口吻的留言，而引起了激烈的爭論……

我實在很好奇，無子女夫婦究竟做了什麼事，值得這些人這樣瘋狂發動攻擊，以下我把幾個比較顯眼的留言，整理成下列四種類型。

—砲火型—

・極少數的人是自發成為頂客族，妳們只是為了要隱藏自己不孕的事實吧。

「同一個人不斷把同樣的留言複製、貼上。」

・不過就是不孕嘛……我有兩個女兒、一個兒子……羨慕吧？？

・看我四周的頂客族，能跟雙方原生家庭和睦相處的人幾乎沒幾個呢。

—詛咒型—

・不管再怎麼喜歡炸醬麵，總要吃吃看炒碼麵才會知道炒碼麵的滋味啊。我以站在是兩個孩子爸爸的立場來說，這就是跟因為無法放棄炸醬麵，所以一輩子都不知道炒碼麵是什麼滋味是一樣的。

「這個真的要聽聽看有兩個孩子媽媽的立場才行。」

・現在當然覺得很好啊，老了以後妳們就等著後悔沒有孩子吧。

18 韓秀熙編輯，〈情侶 N story：黑西裝配白襪子，怎麼會這樣穿……結婚十年的我們苦思成為頂客族的理由〉，二〇一九年九月二十六日，Sum-lab。

—愛國型—

・如果全地球的人都像你們一樣，未來地球上就不會有人類存在了。

［有人在這則留言下回覆了「地球村總統大駕光臨」。］

・頂客族還拿國家新婚夫妻優惠不就是詐欺嗎？頂客族和假結婚有什麼不同？頂客族也應該被視為無效婚姻才對啊。

・為了提高出生率，希望國家不要認可這樣的婚姻。

—偽善型—

・尊重這是個人的選擇，但是這樣大剌剌出現在Naver首頁上，讓一般民眾覺得這樣好像很酷，我感到很不舒服。

［不知道到底尊重了什麼，心情會覺得不舒服呢？］

・我哪有什麼權力叫頂客族生孩子啊？不過那種行為沒必要大肆張揚，讓全世界的人都知道吧。

雖然我覺得他們說的話很可笑，但另一方面卻覺得心裡有點受傷。並不是認為他們的話是正確或是有意義的，而是因為這世界上竟然真的有對別人的生活方式，明顯表現出惡意的人存在。

這些對於自己的「正常」、「平凡」感到自豪，卻帶頭任意去傷害別人的人們之中，竟然也有某人的「父母」，對此我感到相當惋惜（當然我不認為他們全都是有生育或撫養孩子的人，其中很常見的還有「有厭女症的人」，或稱非自願獨身主義者〈involuntary celibate〉，只要女性透露出不生育的想法，他們好像就覺得地球將要滅亡一樣，到處發洩怒氣）。

雖然可能是在網路上，所以才會如此激烈，但是聽到受訪者分享的經驗，果然現實中也是有各式各樣無禮和愛管閒事的人啊。

珠妍：一開始我表示「不生孩子」的時候，某個上司便說：「那妳什麼時候離婚？」還說「如果沒有孩子的話，很快就會離婚。有孩子婚姻才會長久。」

寶拉：我們去拜訪一對我們視其為恩師般的夫妻時，太太上下打量我後問說：「懷孕了嗎？」還有另一位教授，婚後只要見面，每次都會問我「還沒有消息嗎？」然後問先生：「怎麼還沒讓她懷孕？」之後我說：「請不要再問這樣的話」。

沒孩子的人是不會問那樣的問題，但有孩子的人總是能輕易開口。

還有像先生高中同學就問：「你們要這樣生活到什麼時候啊？」先生回答：「現在這樣我覺得很好。」結果對方竟然說：「弟妹到底是有什麼罪啊？」

漢娜：去活動現場幫客人化妝時，經常會有人問「妳幾歲了？」「結婚了嗎？」如果回答「結婚了」，百分之九十都會接著問有沒有孩子，如果我回答：「沒有，我們和貓咪一起生活。」那些人會毫不顧忌地直接說：「哎呀，到處都是貓毛，為什麼要養貓啊？為什麼還不生孩子啊？」

英智：在某個自我介紹的場合，有人問我有沒有孩子的時候，我回答：「我已婚，有養貓，但還沒有生小孩的打算。」之後有個稍微上了年紀的人，突然大發雷霆地說：「妳說這種話未免太隨便了吧！這裡如果有想懷孕卻沒辦法生的女性怎麼辦？有沒有顧慮到別人的心情啊？」故意當場給我難堪，這跟我有什麼關係啊！（笑）而且現場並沒有這種人好嗎？我真的超級委屈的。可能她是聽到我說「還沒有生小孩的打算」，就自行腦補「沒生孩子就自以為有多了不起？那我們是笨蛋才生孩子嗎？」如果是這樣的話，那乾脆就不要問啊。

聽了英智的話後，我覺得在韓國社會裡，經常瀰漫這種「妳以為只有妳很了不起嗎？」的負面情緒。舉個明顯的例子，雖然我不是素食主義者，但是非素食主義者對素食主義者的惱怒，經常讓人感到莫名其妙。

有些人即使沒有侵害到別人生活，只是選擇與多數人不同的生活方式，卻很容易成為被討厭的目標，他們的選擇不斷受到懷疑與干涉，甚至還會被貶低其價值。

給女性套上「太強勢」的框架，把男性視為被害者，就是貶低無子女夫婦最常見的方式。

子賢：在公司裡只要有誰說了帶有性別歧視的話，我就會猛然起身說：「剛才好像有人說了很奇怪的話喔？」「最近哪有人還說這種話啊，常務長！」扮演著這種類似糾察的角色。我和先生是社內情侶，當同事問說妳們怎麼還不生孩子，而我們回應「從來沒想過要生」的時候，我總有大家似乎都心照不宣地認為是因為我太強勢，所以我們善良的〇〇得要配合我的感覺。

道允：因為我是說話比較直接的人，所以身旁的人經常會說：「每個男人都想要孩子，妳的先生很溫順，而妳卻太強勢，所以他只好順從你才拋棄想要小孩的

願望。這世上不可能有不想要孩子的男人。」所以我就問了先生：「我看起來真的有那樣強勢嗎？」（笑）

有人問：「妳為什麼不生孩子？」我便回答：「這是我們夫妻一起決定的。」接著對方一定又會問「先生也是這樣想的嗎？」這時候就一定要說：「是先生最不想要孩子！」來結束對話。雖然搬出先生來是最簡單的方法，但我心中總覺得有點委屈。

評價不生孩子的女人就是「個性不好」，而協議好不生孩子的男人是因為「個性太善良」，這部是源自於大家都有個「和不生孩子的女人一起生活的男人，心胸真是寬大」的觀念。

但是「只要是男人都會想要孩子」這句話背後的真相，與其說是男人渴望孩子，倒不如說因為生孩子對自己身體不會有影響，又能得到一個跟自己同樣姓氏的孩子，所以很輕易就會動了想要有孩子的念頭。

而且對於那些相信有孩子才能完整一個家，這種家庭才有維持的價值的人們來說，他們不相信這世界上竟然會有不想要孩子的夫婦，也不相信他們能夠維持幸福家庭。

對於那些因為不是自己父母、兄弟姊妹、朋友，甚至不是公婆，不過就是完全不熟的外人的隨意干涉，而感到疲憊不堪的無子女女性們，漸漸會選擇隱藏自己立場。

幾位受訪者皆表示：「有時候會假裝自己懷不了孕，這樣的話人們就會覺得我很可憐，也就不再追問下去了。」（想要告訴對那些堅信「世界上沒有人是自願成為頂客族的，只是生不出來而已」的人：「你們都被機靈的頂客族給騙了！」）雖然珠妍的情況不算說謊，但是故意不正面突破，而選擇了最不消耗能量的戰略。

珠妍：我有另一位一直以來挺照顧我的上司，不是說沒孩子很快就會離婚的那位，她不曾對我說一定要生小孩這種話，只說：「如果有個像珠妍一樣的孩子一定會很漂亮……」，職場上如果有跟我不熟的人卻問起孩子的話，就會覺得「這人大概是想找跟我聊天的話題吧」。

結婚一陣子之後，如果被問「為什麼不生」的話，就回答「錯過時機」。「不會告訴他人其實不想要孩子嗎？」對，雖然的確是不想生，但是不會坦白地告訴別人「我下定決心絕對不生孩子」。

實際上，雖然會跟親近的人說「因為這樣所以不生孩子，現在這樣就很好」，但是如果跟不熟的人也要一一去說明的話，肯定會沒完沒了，話題也會不斷繼續擴大延伸。

所以說，希望這些干涉和訓斥無子女夫妻的人們能稍微有點眼力可以察覺，對對方來說，你壓根就不是一個可以分享內心話的人，你的意見根本沒有任何意義。對方看著你，雖然有很多想說的話，卻都只是忍了下來而已。

所以，如果想要對人說三道四的話，我勸你還是先看看這位youtuber兼時尚諮詢師的Milanonna（張明淑）的訪談吧！（這可是生了兩個孩子的人說的話，總該聽一下了吧！）

結完婚後就說快生孩子吧，生完一個又說再生一個吧。我生了兩個兒子，現在又要我再生一個女兒……聽到這些話我真想翻白眼。所以我就對這些人說：「好啊，那如果我生女兒的話，你要幫我養嗎？」

在生完老二後，我也曾這麼說：「有叫我生老二的人，全都來排隊，每天到我家來照顧孩子。」這些人又不會幫忙照顧，憑什麼這樣干涉別人的人生呢？[19]

19 權艾麗記者，〈採訪文件：Milanonna現象讓人期待「我們的明天」——「五十二年生的張明淑」〉，二〇二〇年一月十九日，SBS新聞。

「如果不生孩子的話，為什麼要結婚呢？」

雖然這不是什麼令人震驚的問題，但不是只有韓國人會這樣問無子女夫婦。作家蘿拉・史考特在《兩人剛剛好》的序文中，以剛成為人父的朋友向丈夫提出這個的問題作為開頭，面對突如其來的提問，蘿拉內心顯得相當驚慌失措，而簡短地吐了這樣的回答。

「嗯……大概是因為愛情，或是同事愛吧？」

允熙：結婚最重要的理由，大概就是「想和心愛的人一起生活」吧。如果是因為其他外在因素，不會很奇怪嗎？

允熙的想法和蘿拉很相似，我也是這麼想。

道允：我和先生在一起感到很自在，所以才結婚的。我沒什麼遲疑，而且如果彼此的關係在法律上能得到保障，並且可以一起創造未來的話，當然要選擇結婚，而且我也有想要擺脫原生家庭的想法。即使我大學就搬出來住了，但是父母還是有很強的意識，認為「子女是我的所有物」，所以我覺得很累，他們就連瑣碎小事「不要帶這個出門」、「不要深夜出門」等都要干涉。結婚是讓父母接受「孩子已經不再是我的東西」最簡單的方法，所以我覺得結婚後的生活更加自由。

就像道允一樣，我也是因為結婚，自然而然就從父母身邊獨立了。如果離開家裡的契機不是因為結婚的話，父母與我之間可能會發生更激烈、複雜的矛盾。之所以沒有考慮同居，除了和娘家、大學與職場都在同一個地區以外，我想在無意識中，我對於和不結婚的對象住在一起會感到有些負擔。

結婚後，我明白了婚姻制度的運作並不像想像的那樣單純，但同時在這制度裡，我能感受到舒適自在。然而，在這樣的舒適感中也有一種內疚，對異性戀情侶來說，與某人相愛並想要跟對方一起生活的時候，可以「理所當然」地選擇結婚，透過結婚登記得到法律上的保障，而這是身為異性戀的我可以享受的特權之一。

寶拉：小姑曾經問過我「如果不生孩子的話，那為什麼要結婚？」我當下真的驚慌

失措，我只回答了：「不也是有這樣的生活嗎？」反而是先生說：「如果我們只是同居的話，妳也知道大家的視線會有多尖酸刻薄？」

確實如此，例如夫婦一起進出、一起工作，周圍的人都會認為我們是健全且理想的關係，可是對於有事實婚關係的情侶做出同樣的行為，人們就會在背後說些不好聽的話，然而事實婚的本質也是婚姻生活，只不過差了去登記的動作而已，真的很奇怪吧！後來想想，既然如此，我們為什麼非得要承受這樣的視線呢？……因此我們選擇結婚。

在尚未制定《生活伴侶法》的韓國，雙方如果想結婚，而且也能結婚的話，沒有理由不結婚，特別只要透過登記結婚之後，婚姻關係就能得到法律上的保障，而這也成為結婚的重要契機。

有幾位受訪者表示曾經因為意外住院時、沒有父母同意但又要申請助學貸款時、在國外要更新居留證時，確實會感受到結婚登記的重要性。但是即使舉行一連串的儀式，進入到婚姻制度裡，對於沒有孩子的夫婦來說，正如寶拉小姑所說的那樣，「為什麼」的問題總像責難一樣不斷地出現。

不生孩子的話為什麼還要結婚？這樣不覺得很奇怪嗎？這類的問題聽起來彷彿結婚的唯一

目的就只是為了「生孩子」，而對提問的人來說，結婚的意義似乎也只剩下「生孩子」而已。

宰卿：「對於「不生孩子的話為什麼還要結婚」這句話有什麼想法？」這讓我覺得提問人對婚姻生活的理解很膚淺。我上班時，比我年長的人經常會「好意」傳授我婚姻或人生的道理，但是我和伴侶一起生活了九年，人生三分之一的時間都和他在一起了，況且我認為兩人的婚姻生活不是旁人可以隨便插手的。最好笑的是，她居然說：「有孩子，婚姻才會長久～」那位同事比我年紀要大很多，但結婚也不過才兩年而已……當然不是說婚齡長就有資格說什麼，只是婚齡短更沒必要說這種事。我認為兩個人和三個人是不同的，就如同是團隊合作，多加一名人手只會更複雜、更辛苦啊，並不會變得比較簡單，所以這種話是不合邏輯，也不科學的。

如果有了孩子的話，婚姻真的可以「長久」嗎？崔俞娜律師在九年間處理了一千多起離婚訴訟案件，她以自己的經驗與想法為背景，在 Instagram 連載網路漫畫《婚姻亮紅燈》，截至二〇二〇年六月，訂閱人數已超過十八萬人。她在某次訪問中表示，自己遇到的七年級夫婦有百分之九十以上都是因為「育兒問題」而離婚。

即使表面上的理由是家暴或是外遇，但是仔細觀察就會發現這是由於育兒所帶來的龐大壓力，而導致夫妻感情變質的事例。現在是個養育孩子非常辛苦的年代，因為房價上漲、就業困難、認知改變的關係，家中的期待值也會有所改變。[20]

包括我和宰卿在內的其他無子女受訪女性，共有十三位是七年級生。

難道婚姻得要「長久」才有意義嗎？我所訪問的受訪者們，並不認為婚姻具有永續性，但是她們都覺得現在的生活十分幸福，反而不生孩子才是維持幸福的一種選擇。

子賢：人們需要透過生孩子得到的幸福，我只靠婚姻就擁有了。我原本認為人生本來就是要活得辛苦，必須要獲得什麼成就，而且絕對不能輸給任何人，但是我先生教會了我讓心情可以舒服自在的方法。

我是一個對玩樂會有罪惡感的人，所以我辭去工作休息的那一年，其實壓力很大，然而先生對我說「那是安息年」。不久前，朋友的媽媽問朋友說：「子賢為什麼不生孩子？」朋友說：「她現在生活得很幸福。」朋友媽媽又說：「這是因為還在新婚才這樣。」但我都已經結婚七年了，真不知道要等到何時我們的關係才會變得不好？（笑）

就算以後彼此關係變差，但我們曾經快樂地生活了七年，而且這些幸福即便與痛苦抵消完之後，仍還有剩下一些幸福。我是一年比一年更幸福，難道會因為沒有孩子就突然變得不幸嗎？

漢娜：「結婚後有獲得什麼嗎？」自從罹患纖維肌痛症之後，就一直無法擺脫生不如死的痛苦。很久以前我就決定死後要器官捐贈了，想要一直工作到四十歲後半到五十初左右，真的不想活太久。結婚後最大的變化，就是我想要繼續活下去，如果沒有遇見我先生的話，我也不會領養貓咪。以前養的貓咪因為心臟病往生後，就算想要再領養其他貓咪，但也不知道我能不能獨自負起責任，一直不敢輕易再領養。但是和他結婚之後，又領養了貓咪們，而組織成現在的家庭，老實說，這是我第一次感覺到「家人」的存在。

從春天開始走過了夏天、秋天，進入了初冬，對於結婚、家人、工作、愛情、社會，彼此有不同經驗與想法的女性們，我聽到她們許多的故事。在採訪接近尾聲時，珠妍非常簡潔地說，

20 徐京莉記者，〈Instatoon 連載漫畫《婚姻亮紅燈》的崔俞娜律師「知道七年級生離婚的理由嗎？」〉，二〇二〇年一月二十八日，TopClass。

對於「不生孩子的話為什麼要結婚」這種愚蠢的問題，我想往後也不需要再多回應什麼了。

珠妍：我認為透過結婚，而獲得被稱為先生的人生伴侶，即便我的家只有他一個人，但他就是我另一個家人，並不是說一定要有子女才算是個完整的家庭。

3

在韓國有對女性友善的環境嗎？

——無後女性在工作與生活上的困擾

豬隊友v.s.神隊友——無子女夫妻的家事分工

我是在二〇一五年的春天結婚的，一直工作到二〇一七年的春天。通勤需搭公車三十分鐘，即使距離算近，但下班後別說是準備晚餐了，就連拿起湯匙的力氣都沒有。一回到家總是先躺下來休息，兩個小時後才能恢復體力。這十二年來幾乎都是熬夜吃飯，運動對我來說簡直就是絕緣體，體力自然是差到不行。我經常像是顆舊電池一樣，永遠處於無法充飽電的狀態，疲憊不堪，「除了工作以外，什麼事都沒做就已經這麼累了，如果有孩子的話到底要怎麼生活？」連我自己都覺得很擔心。

除了有小孩之後的家事分擔，我也非常好奇沒有孩子的兩個成人是如何分配家事的呢？

伊善：結婚初期，兩人已經商量好事情就交給做得好的人來做，因為我對做菜很有興趣所以負責下廚，先生就負責洗碗。後來發現煮飯要花很長的時間，所以現在每個月兩人輪流做，不管是要做什麼、還是叫外賣，就由當值的人出點子。我們都不是對吃相當在意的人，不一定非要吃什麼美食。打掃工作則是兩個人一起負責。

子賢：我們兩人之前都曾獨自生活過，所以現在就好像是室友住在一起的感覺。肚子餓的人如果要煎顆蛋，另一個人就會說「幫我多煎一顆」，然後一起吃。通常是先生做菜，我負責洗衣、收衣服、整理收納。但是我不喜歡打掃，也幾乎不擦地，所以搬入全稅租屋處時，便先請清潔公司全部打掃一遍，當時我是想以這樣的方式堅持兩年……我媽還說：「你們家連蟑螂都覺得太髒，全都跑光了。」（笑）

我們家的情況是先生做菜，我則有時候丟垃圾、繳交管理水電費、購買生活用品等，洗碗和洗衣服就共同分擔，如果能不打掃就盡量避免，偶爾會用濕紙巾大概擦一下地板累積一團團的灰塵。我認為彼此能忍受的髒亂程度相近，是減少生活中彼此產生矛盾的重要關鍵。如果我們家有在地上爬來爬去的小孩，是絕對沒辦法這樣生活的。我聽了子賢了分享後，深感認同（仔細想想，就算是已經會走路的孩子，這樣也不行這樣吧）。

宰卿：我結婚前就和先生同居了，但我們就像是室友一樣。在大桌子上放上筆電，各自做自己的事情，自己弄飯來吃。我們也曾開玩笑說：「雖然這是家，但其實更像是分租辦公室。」

我們曾試著決定打掃跟洗衣服的負責人，但因為彼此的工作模式似乎也沒辦法好好遵守，反正有時間的人就去洗衣服，受不了髒亂的人就去打掃，買菜的話，百分之七十是先生負責，我則是百分之三十，有時候週末也會一起去採買。

勝珠：我和先生上班的時間幾乎差不多，不過他工作時間比較長一點。現在我比較有時間，所以平日是我來做菜和打掃；週末則換先生做菜和洗碗。「家事如果沒有分配好的話，會怎麼樣呢？」當然會常常吵架囉，如果和前男友結婚的話，肯定會一天到晚吵個不停。（笑）但是男人們真的不太做家事，「我每天在外面工作，為什麼還要做家事？小孩去幼兒園後，妻子白天不都在休息嗎？」會講這種話的男人真的是最差勁的。我在公司從來沒看過提早把工作做完，趕快回家的有婦之夫，他們每次下了班就跑去喝酒。

根據工作型態、健康狀態、同居與否等各自不同的情況，家事分量和分擔方式也會不同。有居家辦公型態的工作或是自由工作者的受訪者大都表示，自己會承擔多一點的家事，但以漢娜為例，因為她早上的精神狀態最差，所以配偶會負責做早餐和百分之七十的家事。而和丈夫分隔兩地，只有周末才會相聚的珠妍與她先生則是各自管理自己的生活，所以「現在沒有需要負擔的家事」。

另一方面，如果女性是家中經濟支柱的情況，則由男性全權負責家務。隨著統營地區造船業的蕭條，在造船廠工作的英智先生，本來是以三個月工作、三個月無薪假的輪替制，且在無薪假還可以拿到百分之六十左右的薪水，但在接受訪問時，她先生正在放一年的無薪假期間，也沒支薪了。經營寫作課、讀書會等每天行程都安排非常緊湊的英智表示，現在就是由不用上班的丈夫來掌管生活中的大小事了。

英智：結婚後的前三年家事全由我來做，那時先生凌晨六點半就要出門，晚上九點才下班，可是隨著先生的工作量漸漸減少，我的工作增加，家務分擔逐漸變成一半一半趨於平衡。

「因外部環境變化，家事分擔型態也跟著改變，在適應上有困難的地方嗎？」

做「各自可以忍受的事情」是非常重要的，我非常討厭做菜，但先生認為自己做的料理好吃的話，做起來會覺得很有趣也很有成就感。先生負責照顧花草，我負責照顧貓咪，先生討厭的打掃浴室廁所，但我就很喜歡。雖然這樣分配，但是現在我的工作突然暴增，所以家事幾乎都是由先生負責。

昭妍的先生在三年前因為公司大規模的組職調整而離職了，所以現在昭妍的食衣住行幾乎都由他包辦。

昭妍：以前我在讀法律研究所，先生還在上班時，家事大多由我來做。先生是一個不太會整理的人，漸漸變得比較會整理了，辭去工作以後家事就幾乎由他來做了。

洗衣服和基本打掃由一周兩次的打掃阿姨負責，先生就負責煮飯、洗碗、倒垃圾、清理貓砂、設定電子衣櫥和掃地機器人。然後配合開庭行程叫我起床、做飯和開車送我去法院，結束後送我回辦公室。相反地，思考了一下我有做哪些家事的話，我什麼都沒做。

隨著勞動時間的延長，收入也增加的英智與昭妍，為了能更充分集中在工作上，要維持生活品質一定的水準，則需要他人的照顧。從結婚初期到現在，隨著女性的經濟活動變得活躍，男性的雇用狀況變得岌岌可危，家事的分量自然而然改變了，這點相當有趣。

不過，父權制度規範與經濟實力無關，仍然束縛著女性。夫妻皆為無固定收入的藝術工作者，比丈夫負擔更多經濟壓力的寶拉，她的分享讓我思考了在家事中追求平等，也是女性的重要課題。

寶拉：我以為我結了婚之後，就可以過著「平等」的生活，但是實際上，所有事包含家事都好辛苦。媽媽說這就是「女人的生活」，雖然先生也是願意幫忙的人，但他根本就不知道家事該怎麼做。經歷過許多事情後，現在彼此分擔的家事量差不多，但是感覺還是我負擔的多一些。

在分配家事時，我會無意識地說對不起或謝謝，但是先生從來不會說這種話。如果問我什麼時候會覺得不痛快的話，家裡有冷飯和剛煮好的飯，我會幫先生盛熱騰騰的飯，自己卻吃冷飯，當我意識到自己做了和媽媽一模一樣的事，就會把冷飯放下，也給自己盛了一碗熱騰騰的飯來吃。（笑）從小耳濡目染和書中學到的東西之間產生了混淆，從那時候開始，如果沒有飯的話，我也不去煮，就買微波白飯來吃吧。

我們可以從分享中發現，到目前為止，由於還沒有需要全心全意照顧的對象，處於相對平等關係的兩名成人生活中所需的最小限度勞動，在經過各種磨合下，勉強算是平均分配，但是如果生活中出現了孩子，又會變得怎麼樣呢？

有一天我在國民線上諮詢所 Nate Pann 上，看到了一篇非常有意思的文章[21]。自稱是「宣告天下不生老二的職場媽媽」的女性，強調自己為了那些認為「如果是雙薪家庭，一定要生一個以上的孩子」、覺得「只要休幾個月的產假或是育嬰假，就可以把孩子送到托兒所」的廣大未婚男性，制定了確認清單。她表示「這只有育兒部分而已」，雖然這裡只介紹一小部分，但實際的清單已經列到三十七條了。

「想要雙薪家庭又想要小孩的男性朋友們，你們數一數吧！如果你全部都能承受的話，那麼生小孩也沒關係。」

姑且不論生育是女性必須決定的問題，但我認為首先要做的是，將這份清單編寫進國高中教科書「生產與養育」的部分裡。

- ☐ 每兩小時就得起來餵奶、洗奶瓶、幫忙擠奶，整晚反覆這樣的行為，而第二天還有體力去上班。
- ☐ 抱著至少三至十公斤以上，會掙扎亂踢、戳你眼睛、口水直流的孩子，可以堅持好幾個小時。
- ☐ 當幼兒園傳簡訊要求準備尿布、濕紙巾、牙膏、牙刷、備用褲子等等，都能隨時準備好。

□每天晚上都能確實清洗並消毒孩子餐具。
□可以準備好孩子生日派對上的食物，並且把回禮一個個都包裝好。
□可以準備課外教學的便當，並按照老師的指示，準備水、飲料、餅乾、水果等隨身用品。
□每個月按時支付幼兒園費用，並記得拿所得稅減免收據。
□重要！可以為了幼兒園入園資格抽籤，休幾天年假到處奔波。
□每天晚上都能檢查孩子的作業。
□暑假有三周左右、寒假有兩個月，可以找得到人在家照顧小孩，或是自己休兩個月的假親自來顧小孩。

21 撰寫者〇〇，〈為了雙薪家庭和想要孩子男人們的確認清單〉，二〇一九年十二月二十三日，Nate pann。

養不起，不敢生，窮人沒有生孩子的權力？

網路上廣傳著「二〇一九年韓國養育費計算機」的連結，點進去一看，是由一家媒體公司製作的，以大數據為基礎，計算孩子從嬰兒期到大學各階段，根據父母選擇的不同，估算需要多少養育費的網站。我想像自己有小孩，也點進去算看看。沒想到才剛開始計算，就忍不住倒抽一口氣。

就算刪除胎教旅行或孩子成長藝術照，光是從懷孕到生產，就要花費將近一千兩百四十八萬元韓幣（約台幣二十七萬元），我懷疑自己是不是多算了一個零？不管了，繼續算下去，從生產開始到周歲，就算可以扣除從姊姊那裡接收二手育兒用品和衣物，也要八百五十萬零八千元（約台幣二十二萬元）。

在這之後數字急遽上升，從托兒所到幼兒園要七千九百七十四萬八千元（約台幣兩百一十萬元），而且還不是走最高檔路線。從小學到大學的金額更是再增加一位數，來到了兩億四千兩百六十八萬八千元（約台幣六百四十萬元）……

也就是說，如果要生一個小孩，至少就要做好會花上三億元韓幣（約台幣八百萬元）以上的心理準備，就算把我們全部的財產都吐出來也做不到！就在萬分震驚的瞬間，最可怕的一句話登場了！

「以上不包括房價。」

隨便慫恿別人生孩子的人最常說的話，就是「孩子帶財，也會自己帶吃的來。」雖然是一句祝福的吉祥話，但是孩子吃的、穿的、用的所有費用可不會平白無故從天上掉下來啊。因生產與育兒失去的機會成本、有了孩子以後，更迫切確保住家穩定所需要的大筆資金、根據孩子健康狀態和才能，不知道到底需要投資多少的教育費。撫養一個人，不，是一個生命，是得必須不斷花錢。

所以，如果有人再叫我生孩子的話，那麼我希望對方先把養育費[22]先拿來再說。根據韓國養育費計算機的網站統計，收入所得位居平均值的家庭，一個孩子從出生到大學畢業所需要的費用，總計為三億八千一百九十八萬元韓幣（約台幣一千萬元）。

我很好奇「經濟因素」會不會影響受訪者不生育的決定。雖然受訪者並不是處於生計陷入困境的情況，但是多數人表示不生孩子確實是有考慮到「錢的問題」。

廷媛結婚第一年，從首爾搬到忠清北道的B郡，她靠外接寫稿、偶爾擔任讀書教室、寫作教室的老師來賺外快，配偶在首爾原本是ＩＴ企劃，之後改成在家工作，後來辭去公司工作，

22 金宥英記者等，〈從生下孩子到讀完大學為止，必須投入一個上班族十年的全部薪資〉，二〇一九年十月十日，東亞日報。

有一段時間是靠投資股票賺取生活費，在廷媛與我見面不久前，她才再度去公司上班。

廷媛：「配偶的職場生活如何呢？」先生是不太能適應職場生活的人，當然我也懷疑這世界上是否有適合職場生活的人。（笑）我在家裡待了兩三年，最近也開始上班覺得挺不錯的。由於我之前有五年左右的工作經驗，所以正式上班後不像以前那麼有壓力。當然可能因為這裡是鄉下，所以都可以準時下班，因為有達到 Wor-Lie-Bal（work and life balance 生活與工作取得平衡的流行語），所以好像還不錯。

其實如果賺得不夠用，我和先生可以吃一個月的泡麵也沒問題，但是如果有小孩就不可能了，我們兩個人之中一定要有一人持續賺錢才行，這對我們來說是個大問題。

我們無法理解像我們爸爸那樣，三十多年來一直都在同一個職場上班，光是想要我們在固定的地方工作到六十歲，總覺得人生會失去太多東西。

我的爸爸也是三十年來都在同一個職場上班，所以我對於沒有穩定收入的生活，會隱約感到有些恐懼，即使是現在也是如此。先生和我也是在差不多時期辭去工作，現在已經過了三年自由工作者的生活。可是，如果我們有孩子的話，不管怎樣至少要有一個人得找到有固定月薪收入的工作才行。

包含廷媛在內，大部分有養寵物的受訪者都表示「怕貓或狗生病時會急需一大筆治療費用，所以銀行帳戶都會存有一筆三百萬韓幣（約台幣七萬八千元）的預備金，以防不時之需」，更何況是養育一個人呢。

閔夏：先生的薪水入帳後，就先拿去繳房貸和信用卡費，根本沒辦法存錢。何況養孩子不是又要花更多錢嗎？光是安全座椅、嬰兒推車就要超過一百萬韓幣（約台幣二十六萬元）了。每次懷孕的朋友告訴我「這個多少錢」時，我都心想「我果然沒辦法生孩子」，住月子中心也要花好幾百萬韓幣呢。

「如果生孩子的話，有跟配偶討論過財務問題嗎？」沒有，我們只討論過現在生活需要的錢：「這個月透支多少，負債還剩多少」（笑）現在我們想買的東西全都買了，負債也不多，還能慢慢還，但是如果有孩子的話，我們可能就不會那麼老神在在了。

確實，如果沒有生孩子計畫的人，在面對負債時就會比較從容一點。我上次想都沒想就直接延長了全稅契約，偶爾也會感到有點不安，這樣毫無計畫地生活下去真的沒關係嗎？

生長在這個時代，生活中總是一直聽到「世界經濟危機」，有時候生活也會出現意想不到的動盪。詢問配偶正處於無薪假的英智，是否對未來感到不安，她回答「雖然不知道未來會怎麼樣，不過現在的收入還養得起我們兩人，所以覺得還好」。

英智：去年先生有個工作機會，但公司是位在坡州，如果先生去那裡上班的話，我們一個月只能見一次面，兩人都認為「這樣似乎不太好」，所以就乾脆我多增加一點工作，先生多分擔一點家務，這樣還比較好。

「如果有小孩的話，就會接受那份工作嗎？」如果有孩子的話，先生應該會去吧，因為狀況完全不同。

雖然我喜歡現在的工作，但有時也會覺得倦怠。先生在造船廠工作時，工作時間太長，特別辛苦。假設有孩子的話，即便工作再累也無法辭去工作吧。

我有聽過學生口無遮攔說：「老師，聽說養我們要花兩三億！」這種話。

與其收入增加而夫妻分隔兩地，英智她們選擇的是彼此稍微辛苦一點，但可以一起生活的型態。雖然這世界總是強調，在能賺錢的時候盡可能去賺，這樣才能減少對未來的不安，不過我也能夠理解他們的選擇。

不知道是不是因為我是個懶惰的人，婚後我覺得兩個人不用一直要共同完成什麼課題，而是雙方可以和睦相處，一起白頭偕老就好了。

希望彼此都擁有最大限度的自由，不必期望對方能夠賺「更多」或「很多」的錢，至少對方可以不必為了錢而強迫自己做不想做的工作。這不是因為我的物質欲望很低，而是我知道因為我們並沒有一個每天、每月、每年都要支付費用的孩子。

善宇：爸爸身為長男，下面還有好幾個弟弟，加上爺爺很早就去世了，才二十歲出頭他就成了一家之主。爸爸的月薪再加上媽媽做副業的薪水，才把叔叔們全都送進了大學，所以在經濟方面並不寬裕，因此我也曾經放棄了自己想要的東西。例如，除非班上沒有手機的同學少於五個人，我才能買手機，或者就算想要學什麼才藝，也不敢輕易說出口。

而且我不知道，如果孩子說「想做什麼」的時候，我能不能給予支援？因為現在肯定會比我們小時候要花更多錢，假使不能滿足孩子的心願，真的會很難過吧。

以前我曾和朋友聊天，覺得似乎要夫婦兩人都在公家機關上班，或是一人是

公務員，另一人是銀行員的話才能生孩子。最重要的是，是否能用錢來解決某種程度的照顧或教育需求，也是必須考慮的因素。

對爸媽來說，養育孩子會有所謂「足夠」的錢嗎？我想起了因為要幫孩子挑選幼兒園而傷透腦筋的後輩曾說過：「我是不會跟孩子算什麼CP值啦！因為我也不知道什麼才是最適合孩子的。雖然是我的孩子，但到底是個怎樣的孩子我也還不清楚……」

允熙跟娘家借了資本，正在準備創業開咖啡廳，她雖然並不堅持「絕對不要生孩子」，而是「如果經濟穩定，有合適養育孩子的環境，才會想生孩子」，還說自己應該可以當個好媽媽。

她與先生做正職工作很短，大部分都是靠家教等打工來維持生計。由於允熙的父母都是擁有優渥退休金的人，所以如果允熙生了孩子而延後創業，兩夫妻會暫時沒有收入，但其實只要她的父母願意幫忙，根本不用太擔心生計。然而，允熙卻冷靜地判斷自己的欲望與現實。

允熙：可是不太可能這樣做吧！對父母來說，他們也有自己的生活要過，父母更不

可能長命百歲，孩子又不是只要養個十年就好，未來還是會繼續成長啊！「如果妳有想生孩子的打算，是有「先接受父母援助，反正先生一個再說」的條件，但不會這麼做的理由是什麼呢？」我曾經想過「要不要乾脆就先生個孩子呢？」真的差點就要這麼做，但是下一秒又想到生了孩子之後呢？我現在正在著手咖啡廳的開店準備，這件事又不能交給別人去做，而且這還是已經簽訂了幾年租賃契約的事業呢。如果我懷孕的話，就沒辦法繼續做下去了，而生產完也要休息幾年才行，所以不管是在經濟、自我成就感來說，我想只有在兩個人都游刃有餘，能好好生活的狀態下才可以生孩子吧。但是要達到那樣標準，還得要好幾年，那時我的健康狀況可能也不太適合生育，看來要生孩子還是有些難度。

浩庭夫妻都是一般上班族，有著相對穩定的收入，她們也是擔心有了孩子後，會加重經濟的負擔，而她的恐懼是想到遙遠的未來。

浩庭：每當工作非常辛苦的時候，總是會想「如果現在辭職的話，靠目前的存款可以撐幾年？」如果生了孩子的話，未來的退休金存款勢必會減少，不管怎麼

> 想，都覺得錢根本不夠退休生活用。而且我還不知道要對孩子的人生負責到幾歲，這也讓我感到相當困擾。
>
> 看到最近公司的新進年輕同事們，全都是有錢人家的孩子，很多都曾到國外留學過，看得出來他們是過著富裕的生活。可是在沒有父母財力援助，要找個平凡公司上班都很困難的社會，我會很擔心我的孩子是否能找到一份穩定的工作。
>
> 我在首爾沒有房子，是住在京畿道的普通上班族，如果我的孩子只是一般人，未來他就會因為沒有錢而感到痛苦。總之如果生孩子，不僅他辛苦，我也會很辛苦吧！

在「韓國養育費計算機」的最後一個問題是，「那您的選擇是什麼呢？」我點選了「不生孩子也沒關係」之後，出現了這樣的一段話。

有百分之二十八・九的未婚男性，四十八・〇的未婚女性跟妳有同樣的想法。（二〇一八年韓國保健社會研究院調查）理由是「因為這是一個很難讓孩子幸福生活的社會」、「如果經濟能稍微寬裕一點才想生」、「只想享受夫妻兩人的生活」、「有子女的話就會失去自由」等。

選擇把人生重心集中在自己身上也很棒，為你加油！

希望大家知道已婚者也是有「選擇」的餘地，我很好奇，如果按下「孩子會帶來快樂，所以我還是會生」的話，不知道會出現什麼樣的內容呢？

布莉姬．舒爾特的《不勝負荷》雖然是一本講述現代人被時間追著跑，所以教大家要如何有效活用時間的書，但其中特別讓人印象深刻的觀點是在於「女性和時間」的關係。

布莉姬既是記者，同時也是有兩個孩子的媽媽，她的日常生活「非常混亂，且疲勞爆棚」。她每天只睡四、五個小時，一次要處理兩件以上的事情，總是來不及或是落後。

因為有孩子的關係，布莉姬提出女性在育兒與工作成就中，是否只能選擇其中一項的問題，同時也說了一小段插曲。當她以電話訪問為了爭取育嬰假或縮短工時而奮戰，或待在家中擔任主要養育者角色的男性受訪者時，一直在旁邊聽著的八十四歲爸爸提出了自己的忠告。

「布莉姬，妳似乎不明白，在男人的人生中有所謂必須果斷做出決定的瞬間，像是『我是誰？我想成為什麼？要成為醫生嗎？要成為律師嗎？我人生目標是什麼？』必須要做出明確決定才行。」

「可是，爸爸，您覺得女人就不需要這些瞬間嗎？」

當然，在女人的人生中也有需要果斷做出決定的瞬間，如果問我想成為什麼的話……就算不想當媽媽，也想做些什麼，而且在這世界上，有些成就是只有不當媽媽才能達成的。特別是對認為人生中工作是非常重要的勝珠而言，更是如此。

勝珠：我認為如果在工作中想要成功，有孩子的話是不太可能達成的。「可是妳媽媽不就是一邊工作，一邊養大你們三兄妹嗎？」這是因為媽媽的工作是老師所以才做得到，如果是像我一樣工作時間不規律，是絕對不可能的。「妳是做什麼工作？」販售國外產品給本國客戶，經常要即時處理發生的問題，像是交期延誤、產品品質不良，或是有新開發的產品，召開緊急會議等，還有突然接到公司電話，可能就得要開車到外縣市處理，或是得飛到國外出差。因為工作結束之後很累，所以一定會和共事的人喝一杯，就會很晚回家。由於先生也是相同的職業，所以在這樣的環境中，怎麼可能有辦法養孩子呢？

勝珠在面對工作挑戰時，即便有令人心驚膽顫的瞬間，也會從中得到成就感，因此她十分熱愛工作。後來她因配偶被外派，必須一起移居海外，所以她在辭去工作時，感到非常痛苦。不過，勝珠在當地曾短暫就業過，現在正在讀經營研究所，為自己的未來做準備。她的目標是「在女性稀少的行業中，自己努力往上爬，將來就可以改變性別歧視文化，讓更多女性後輩加入」。我想總有一天她一定會成功的。

宰卿：我有一點工作狂的個性，無法想像沒有工作的日子，而且自己賺錢自己花，這種感覺非常好。其實我曾經在育嬰假體制完善的公司工作過，可准許休兩年育嬰假，期間還給基本薪資、績效獎金、福祉卡，所以公司裡選擇生孩子的人很多。

但是當我辭職的時候，發現勾選離職理由有十多個選項，而最上方是標示著一、結婚；二、生產。看到這個，我就知道這份文件是很久以前製作的，並沒有跟著社會環境變遷更新選項。雖然前公司因為穩定有保障，所以女性職員也算滿多的，但是要升遷到科長以上很難，次長是幾乎沒有。

此外，前公司有個潛規則是，同組中有「必須扶養家庭」的男職員，他是可以優先升遷，這讓我在工作時覺得很悶。即使這樣，我辭職的時候，有孩子的資深主管對我說：「如果以後妳想生孩子的話，就回來吧！」一開始聽到這句話時，只覺得「這人也太不了解我了吧」，但是仔細想想那位主管對我真的非常親切。我最近也目睹了年輕女性職員一旦結婚，就會考慮辭職或是換到工時較短的職場的情況。

在韓國，所謂「適合女性工作的友善職場」指的是，在一定程度上能保證準時下班，即使請產假或育嬰假對工作的影響較小，對有子女女性來說，是「還不錯」的職場。當然比起沒有這些保障的職場來說，已經算是好的了，也可能是性別歧視較不明顯。

但是所謂「適合女性一邊養育孩子一邊工作的友善職場」，真的是適合「所有女性」的職場嗎？如果沒有孩子的女性，期望獲得超出「女性」條件以上的成就時，這依然還是「友善職場」嗎？不，所謂「適合女性工作的友善職場」的標準也都太低，這不是恰好證明了這就是個很難讓女性生存的社會嗎？

宰卿：因生產與育兒會有兩年沒收入是個問題沒錯，但是否值得用這兩年去交換在工作中可以學習與成長的機會呢？目前我沒有被韓國社會說服。

浩庭：這個禮拜因為太忙，所以已經有三、四天沒辦法回家，兩次是早上七點、一次早上九點才回家梳洗換衣服，又再出門上班。結婚其實對我的工作沒有太大的影響，可是今天如果我有孩子，要是三、四天不能回家的話，還能維持一個家庭的運作嗎？「當事人心理負擔肯定非常大，這段期間配偶得要照顧孩子，或是要另外找可以照顧孩子的人，也會產生其他煩惱吧。」

我們組有兩位有孩子的男同事，他們的配偶也都要上班，其中一位和父母住得很近，所以找得到人幫忙照顧孩子；如果和父母住得比較遠，找不到可以幫忙照顧孩子的人，我想就會出現不得不辭去工作的情況吧。「那兩位也熬夜工作嗎？」沒有，熬夜加班是我自己的作法，也是我自己的選擇。其實大家都會加班或是週末來上班，但是叫有孩子的人熬夜加班似乎有點過分。我們有時候也會臨時去國外出差，有時候出差時間也會比預期來得久。

我結婚後，曾經一個人待在國外工作超過半年，因為沒有孩子才做得到吧。如果突然得要出差的話，就會問有孩子的人「能去嗎？」如果我是男人，可能不會這樣問，但因為是女人，反而會特別詢問一下。

浩庭雖然一個禮拜會在公司熬夜三、四天，卻出乎意料地並不像勝珠或宰卿那樣，有著追求成就感的個性。不過，浩庭應該是一位做事非常嚴謹的上班族，但她的目標不是晉升到高階主管的職位，而是為了確保存有足夠的養老金，希望一直工作到不能工作為止，展現極為實際的一面。

浩庭：有時候工作很有趣，有時候又會累到覺得「我明天就想辭職」，但一切還是

先賺錢再說。加上自己又沒有孩子，如果辭去工作要做什麼呢？不工作的話，又沒有可以填滿二十四小時的方法啊。不知道是因為沒有孩子才這樣生活，還是因為想要這樣生活，所以才不生小孩。

浩庭說完最後一句話後，我默默輕描淡寫地加了一句話。

「但不管怎麼說，妳也覺得這樣的生活還不錯吧。」

一般ＯＬ，會擔心因為生產而中斷僱傭關係，或是工作與育兒無法同時並行。那麼從事講究特殊專長的工作的女性又是如何呢？狀況應該會不會比較好呢？

「女律師如果去生小孩的話，之前累積的經歷會全部歸零。」昭妍表示。

什麼？居然有這種事？於是我找到了一則新聞報導。

女律師Ａ在告知就職滿一年的法律事務所懷孕的事情後，代表律師要求她三個月後離職。Ａ辭職後生完孩子，準備好要回歸職場，但是已經超過七個月，還是沒有找到工作。[23]

23 金宥英記者，〈無法請育嬰假，只能辭職的女律師們〉，二〇一九年十月十日，東亞日報。

二〇一七年，韓國女性律師協會以會員為對象進行的問卷調查中，猶豫請育嬰假的理由中，前三名分別為「公司並不鼓勵請育嬰假三十一．六%」、「可能會被迫辭職二十二．八%」、「不利人事升遷十九．九%」[24]。

昭妍：律師業務的基本訴訟都是以一年為單位，所以即便休息三個月再回來工作，時間上的確有些尷尬。以前的潛規則就是只要女律師去生孩子，通常不會請育嬰假，而是直接辭職。因為之後還是可以回到原律師事務所工作，所以不會太擔心。

可是現在就業困難，供給也不斷增加，導致就職競爭非常激烈，生產後沒有可以回去的地方。不過，律師這個職業的優點就是，不用擔心會連「一點」錢都賺不到，其實仔細找找還是可以找得到職缺，只不過年薪會非常少而已。反過來說，如果不生孩子持續工作的話，期待所得也會相當高，但是如果生了孩子想要重返職場的話，一切就得全部重新來過。

例如，我現在有四年律師資歷，假設我生完孩子再回到職場，只會拿到新人的年薪。但是我因為養育孩子支出增加，可是年薪卻會少了兩千萬元韓幣（約台幣五十三萬元）以上。而且律師業務相當不規律，幾乎都需要請專職的家務助理與保母，所以我身邊因為這樣的原因而辭職的人真的很多。法研院同期的畢業生一百名中雖然有一半左右是女性，現在還在線上的大多是法官、檢察官，律師大概只有十位左右吧？其他大多是在警察等行政部門擔任公職，自己開業或是在律師事務所工作的律師卻是屈指可數。

姑且不論職業種類，想要累積並維持工作經歷的女性來說，生育在現實中確實是個不利的選擇。必須在時間與金錢中拋棄其中一項，生活的許多領域中，包括健康，都會出現不可預測的變數。

伊善：「因為想把喜歡的工作努力做到最好，所以才選擇不生小孩嗎？」或許吧，不過我第一個理由是本身就不想生，第二個理由是生孩子確實會影響到工作。不管怎麼說，創意類工作是有壽命的，能夠得到人們共鳴，其創作黃金期大概十年左右就已經差不多了。雖然先生說一切由我決定，但他其實是想要孩子的。

24 李順圭記者，〈女性律師五千名時代……還打不破的「玻璃天花板」〉，二〇一八年九月二十日，法律新聞。

然而當我問他：「要生孩子的話，我至少有一兩年會沒辦法工作，無法累積作品，換作是你能夠接受嗎？」他說應該沒辦法，我就告訴他我也是一樣，所以不要再有這種想法。因為先生對工作也有很強的野心，所以可以理解這種感覺。

身為插畫家的伊善以平靜的語調表達自己的主張時，我受到了不同次元的衝擊。我有想要做的事，而且還不一定保證能夠賺錢或是獲得成就，卻仍能明確表示想要投入全部的時間，並且要求配偶設身處地思考（而且配偶也平靜地接受了），這一點令人印象深刻。

在韓國社會中，女性如果不主動說出生孩子會對自身造成什麼樣的損失的話，誰也不會知道，反而會說「是妳自己想要生」、「是妳自己做的決定」之類的話，將損失的責任全轉嫁回女性身上。

當女性越是愛孩子，越是犧牲奉獻照顧孩子，就會有人說「既然擁有了新的幸福，就該心存感謝」，而男性就更不可能會想幫助女性恢復因生產所造成人生損失，反倒是忽視或逃避本該要為此問題共同負責，這種情況更是多到不勝枚舉。

但是生孩子並不是女性人生的唯一目標，無論女性成為什麼樣的人，都不需要認為「當媽媽」才會完整，或因此才能成為更有價值的存在。

夫妻中，雖然只有女性才能懷孕生子，但不代表她們都應該懷孕生子，所以女性在人生中才是有著需要果斷地做出重大決定的瞬間，像是我究竟想成為什麼？我想要什麼樣的生活？我人生中的優先順序是什麼？

我之前一直都在小公司裡工作，公司雖然曾被大公司收購，卻再度被賣給別的公司。我們的團隊，永遠不會超過十五個人。團隊成員大部分都是女性，除了總編輯以外，全部都是比我年輕，已婚者總是用三根手指頭就可以數完了，由於沒有留職停薪去生孩子的女性，大家懷孕後直接選擇離職，所以我從來不需要支援同事的產假，或是煩惱因為同事的育嬰假而導致工作加重的情況。

我第一次知道這樣的問題，是聽到那些不婚主義的女性朋友吐露，在公司一直在支援去生產同事們的業務而感到非常有壓力。因為對方必須找休假時的代理人，或是得另找人力來接手工作業務，但新人在適應期內，仍得承擔額外繁重的工作業務。

如同幾年前，有新聞踢爆某家醫院強迫護理師實行「懷孕順序制」的潛規則一樣，這樣的矛盾很容易發生在女性佔多數，且工作量大的職業類別，而勝珠的第一份工作正是這樣的地方。

勝珠：部門成員有三十位，其中女性就超過二十人，每隔幾個月就會有人請產假和育嬰假。我們部門工作量很大，因此未婚、沒孩子的職員們每天都要加班到半夜，週末還要上班才能填補休假同事的工作量。「在組織中如果要解決這個問題的話該怎麼做呢？」當然要事先應聘新人啊！就算有新人進來，要做到跟原本同事一樣的工作量，也是需要一段時間的，何況新人剛開始要做〇．五人份的工作都很難了，剩下的人根本都快累死了。

有的公司甚至不會再多請人，所以要先確認對方預產期是何時，如果十月要開始休假的話，大概在八、九月接任者就要提前開始業務交接，得先提升業務能力才行。

即使大多數職員不是女性，在業務強度高或業務量多的環境下，少了一個人對其他人的影響也很大，所以難免會產生不滿。

宥琳：我還沒結婚時，後輩請了產假，而我必須要接手那位後輩的工作，所以覺得有點煩。我並不是氣懷孕的後輩，而是覺得把我當救火隊替補上去的上司很討厭。我曾經在我們職業類別的匿名留言板上，看過有人因為同期懷孕而大罵特罵的文章。

我的幾位單身朋友也曾經遇過好幾次類似的經驗，因為承擔的事情太多又很累，所以覺得很生氣，但這其實只要公司補足人力就可以解決，但是在這種的環境似乎很難實現。

小學老師和護理師一樣，都是女性佔大多數的職業，不過前者的生育和育兒制度更加完善。由於人力填補容易，所以必須對離開的人壓力也比較小。道允表示還沒有感受到因為要幫請假同事的忙，而自己吃虧的狀態。

道允：學校在分配工作時，會盡量分配給懷孕或是孩子還小的人比較簡單的工作，像是文書處理的行政業務，要買很多東西的事情之類的就不太會交給她們負責，所以比較重要或是規模較大的工作，就會交給沒有孩子或是狀況比較好的人負責。

我認為做這些事情是可以累積經驗，所以不會覺得委屈。而且因為不管是誰要休假或留職停薪，都會有其他人來填補工作的空缺，所以我還不至於得要承擔別人的工作。

最終，根據組織如何營運，圍繞在女性職員的生育矛盾是可以加深，也可以消除。即使不生孩子的女性們對於產假、育嬰假制度的必要性與合理性還是相當贊同，也不想因為業務上的空缺引起的不滿情緒，而歸咎責任到生育當事人身上。

浩庭：但凡是上班族，應該都不太想去公司吧！所以不辭職，又不用離開公司的唯一辦法，就是休育嬰假。有時候我會忍不住想，自己失去這個機會，實在是太可惜了。（笑）不過，生孩子的話，是需要多花時間去照顧，所以才會出現這樣的福利制度。

而且如果問我們組裡有孩子的男同事「要選擇帶孩子，還是去上班」，他們全都說要選上班，所以我覺得休育嬰假並不是一件愉快又輕鬆的事。因為是我選擇不生孩子，即使無法使用這個制度也不會覺得委屈。

宰卿：因為女性職員較多，公司擔心業績下滑，連「妳們就排隊輪流準備懷孕吧」這種話都說得出口，真是令人瞠目結舌。我一直都是在男職員較多的職業類別工作，所以幾乎沒有擔心過那樣的問題。

有次某位同事要請育嬰假，她最先告訴我她懷孕的消息與育嬰假計畫，為了減輕休假期間帶給大家的不便，所以她就提早準備。她認為不能讓我因為分擔她的工作而加班，所以事先都把事情處理好，後來我接手時也都沒有加班，所以我不會覺得吃虧。

在《不勝負荷》這本書中，把傳統職場文化中要求勞動者的形象稱為「理想的勞動者」，換句話說，就是如同下方所述。

「理想的勞動者」是即使孩子出生也不會請產假，也不需要彈性工作制度、在家工作等這類「家庭親和性」政策。「理想的勞動者」因為在家事與育兒上是完全自由的，所以才能將自我完全奉獻於職場。

這種人通常早上最早上班，晚上最晚下班，也不太會有生病或因為私人理由需要請假。「理想的勞動者」的自我形象與工作緊緊相連，所以即使會影響健康或家庭生活，也總是不停地工作。

以上與韓國職場文化中要求的勞動者形象非常相似。

為什麼韓國上班族會認為過勞與加班是宿命呢？公司僅願意用最少的人力來營運，每個人實際要負責的是一．二人份的工作量，所以如果少了一個人，就得負責一．五人份工作量，在這樣的環境下工作本身就有問題，不是嗎？

像這樣得要不斷更換人力才能運轉的組織裡，只會讓生產及育兒並行的女性處在絕對不利的位置（**當然就算沒有生產或育兒，也已經處於不利地位了**）。而且撇除把生育和育兒當作是「女性」問題，這是包含男性在內的社會全體所該分擔的責任。如果不改善生產、育嬰制度，不生育女性在組織中感受到的不利與壓力是不會消失的。

換句話說，如果不要討厭我們的同事，應該從消滅「理想的勞動者」形象開始。

雖然我訪問的女性大部分都是「頂客族」（DINK），但是我很想要和「SINK」（Single Income No Kids 的縮寫，有意圖不生孩子的單薪家夫妻）女性聊聊，因為我非常好奇韓國已婚女性在「不生孩子，也不工作」的狀況下，究竟是過著怎麼樣的生活呢。

在我將徵求受訪者的文章放上了 Instagram 後，率先聯絡我的是閔夏，她也是唯一一個表示自己是「無職業」的女性。二十五歲的她不想要生孩子，目前也沒有生子的計畫，但是因為「沒有確實和配偶達成不生育的協議」，不確定是自己是否能參與訪談，因此再次向我詢問。

我短暫思考了一下之後，還是想要和她碰面聊一聊，我真的很想聽聽，一位住在小城市裡沒有工作，也不想生孩子的年輕已婚女性，究竟是如何抵抗生育壓力。

在決定最終是否參與訪談前，我會先讓受訪者填寫調查問卷，透過問卷就可以知道一些線索。閔夏針對這些主題簡短地寫下回答後寄給我，特別是在「工作與職涯」項目的回答，引起了我的注意。

「結婚的同時便辭去了工作，這或許是一種逃避也說不定。老實說，辭去工作是我最後悔的事，因為已婚女性要找工作真的是非常艱難又辛苦，所以現在帶著不管什麼都要試試看的心情，目前正在準備不動產經紀人的證照考試。」

在慶尚北道A城市成長的閔夏，在同一個城市讀大學，畢業之後進入了會計師事務所工作，但因為太常加班而感到非常疲憊，之後換到一家中小企業，工作一年後因為要結婚便辭去了工作。

本來她並沒有早婚的念頭，但是因為屆齡退休的公公說「反正要結婚的話，你們就早點結吧」，急著要兒子趕快結婚。我問閔夏「反正都要結婚的話」覺得什麼時候結婚會比較好，她回答「本來想要二十七歲左右」。

閔夏：「有一結婚就得要馬上辭去工作的理由嗎？」倒是沒有，只是上班真的太累了。但是我才上班沒多久，實在無法開口說要結婚。因為我是公司裡年紀最小的，常要看大家的臉色，而且這裡的中小企業在面試時都會問「何時會結婚」，因為如果結了婚有孩子的話，就得要離開公司。所以，我實在說不出來自己要結婚。只好用還要再繼續讀書作為藉口就離職了，連婚宴也不敢邀請公司的同事。

「前公司有其他的女性職員嗎？」公司大概有六十人，女性職員除了我以外，只有一位年紀約五十多歲已婚的大姐，她是等孩子上了小學以後才進公司的。

正如閔夏所說，辭職或許是一種逃避，我也曾經如此。剛出社會所選擇的工作，大部分都是在迷迷糊糊的狀態下找到的。但是，在結婚後沒多久，試圖再度就業的閔夏卻意外地不斷碰壁。她在不知不覺中，已經從「不錯的勞動者」的標準裡被淘汰，而歸類為「不久後就會去生孩子的女人」。

閔夏：結婚後太常被叫去婆家，我甚至想「啊，現在要找會經常加班的工作才對」。「即使是因為討厭加班所以才辭職，卻還想找會加班的工作？」對，想要找會加班的，就算周末也要工作的那種，（笑）所以我又開始找工作。以前只要寄出履歷的話，十家公司裡大概會有九家會要我去面試吧？但是自從在履歷書上寫下「已婚」後，十家公司裡只會有一家公司聯絡我。「履歷書裡一定要填上婚姻狀態嗎？」可填可不填，但我還是寫了，因為知道我已婚還錄取我，會比事後知道要好。不過，那一家公司其實是「看錯」才叫我去面試的。因為當面試人員問我：「妳還沒結婚吧？」我回答：「我在履歷表上有寫已婚」後，對方尷尬地「啊……」了一聲，接著又問我：「是什麼時候結婚的呢？」我說：「去年結婚的。」對方又問：「那麼大概何時有懷孕的計畫呢？」我直接坦白告訴對方：「我沒有生孩子的打算。」所以對方便說：「但婆家應該會說些什麼吧？」

總之，現在真的太難找工作了，不禁覺得「當初應該先在事業上站穩腳步，晚點結婚才對」。

閔夏之所以能進入前公司，是因為一位三十多歲的女性前輩要準備生產所以辭職，即便告訴公司自己要結婚的消息，應該還是可以繼續工作。「老闆也曾說過，如果沒懷孕的話，還是可以繼續在那上班。」

可是有生育計畫的女性，與其選擇留職停薪的育兒假，在那些讓人「自然而然」辭職的公司、地方、社會的環境裡，到底女性能夠「選擇」什麼？對此我感到無比混亂。

有的女性為了要生孩子，必須辭去工作，沒有孩子的女性或許有可能會生孩子，而無法工作。即使像閔夏一樣沒有生孩子的打算，也會「自然而然」被忽視。幸好，閔夏很快就意識到，即使沒有孩子也無法就業的現實，而將目標改為考取證照。

閔夏：「想要擺脫生孩子的壓力，所以才開始準備證照考試嗎？」是的，如果有人問「現在在做什麼」，似乎只有回答「在讀書」，才比較不會被問到生孩子的話題。「是擔心自己被認為是遊手好閒的人嗎？」是啊，我媽媽也是一直在工作的人，她對我說，孩子晚點生沒關係，先去工作吧。爸爸也是說「就算是女人也必須要工作」，所以我自然而然也有這樣的想法，什麼都不做的話會覺得很不安，所以不管什麼我都想要做做看。

如果在別人面前沒辦法說「我在做什麼工作」的話，會有一種無法理直氣壯的感覺。「等考取證照開始賺錢的話，在先生面前也可以比較理直氣壯嗎？」對啊，現在傳簡訊給先生「我這次的信用卡費……」都覺得要看人家臉色呢。（笑）

但是像閔夏一樣取得證照，想成為自營工作者除外，好的職場，特別是女性可以就業市場，隨著地方越小，無子女女性想要再度就業就越是不容易。

原本在首都圈一所代案學校裡擔任特殊教師，因健康問題而辭去工作的善宇，在結婚後回到了既是配偶工作地方，同時也是自己故鄉的江陵。雖然她畢業於首爾排名前幾名的大學，但是在保守又注重學歷的江陵地區，「女性擁有高學歷」反而成為就業障礙。已經找工作快兩年的她是這麼說的。

善宇：面試時通常會問到兩件事：一是詢問是否有生育計畫；二是說自己不生孩子就會被訓誡一番。「請問是否有生育計畫呢？」「沒有」「為什麼不生呢？」「不想要孩子」「可是如果懷孕的話……」「不可能，我沒有懷孕生子的打算！」（笑）

「如果是訓誡的話是怎樣的方式呢？」他們會質問我：「為什麼不生孩子？」「如果說會生的話。不是就不會錄取嗎？」就是說啊！我不生孩子繼續工作的話，對他們不也是好事嗎？問我「為什麼不生孩子」，回答「我們夫妻沒有生孩子的想法」時，竟然對我嘮叨「就是因為這種人，人口才會一直減少」。這樣的話乾脆問「如果未來不小心懷孕的話？」這種問題還比較好……我面試的地方不是公家機關，就是福祉機構，都是拿國家預算做事情的地方，卻都在問這種的問題，公家機關不是更不該這樣嗎？面試時問我關於生育的事，而旁邊有孩子的女性則被問「如果孩子生病時會怎麼辦」的問題。不能帶手機進去把這些都錄音下來，真是千古遺恨啊。

在經歷無數次這樣的過程，善宇最終找到工作了！這是由於政府導入每周工作五十二小時制度的緣故，地方市民團體也得擴大補充人力。在善宇準備就業的時期，曾上過女性暴力相關諮商教育的課程，現在她就在江陵某女性團體中主要擔任諮商員，援助受到親密關係暴力的被害女性。我問她在工作過程中，有沒有再度重新審視自己無子女女性身分認同的時刻。

善宇：發生家暴時，有時候分居或離婚是最好的解決方法，可是有很多人卻因為孩子而陷入掙扎。我因為沒有孩子，在經濟上也可以獨立自主，假設要與先生離婚，相對來說簡單許多，但是如果有孩子的話，情況就會變得比較困難。畢竟那個人是孩子的爸爸，這個事實是永遠不會改變的。而且在這個地方除了療養院的照服員、社會工作者之外，幾乎沒有可以讓有孩子的女性自立更生的工作機會。而且就算有工作，上班期間也要有人來照顧孩子不是嗎？就像我在找工作的那兩年一樣，根本沒有什麼好的工作機會，就連能提供最低薪資的工作機會都不多，這是我認為就業困難的原因之一。

在這個不斷慫恿女性生育的社會，因生育孩子而中斷工作資歷的女性，卻很難再次獲得經濟自主的機會，這不是互相矛盾嗎？

這些人認為女人結了婚當然應該要生小孩，還沒生孩子的女性以後當然也會生，所以事情都不會交付給她，而生了小孩又認為理所當然該辭職，有孩子的女性想二度就業又困難重重，所以就只希望她有個「善良的先生」，今後可以依靠先生活下去？善宇告訴我一個關於「善良先生」的故事。

善宇：這是一位未婚朋友告訴我的故事，她的同事A因為要在家帶小孩，所以最終選擇辭職。A辭職當天，她先生送來的花籃上有張卡片寫著「哈哈！A現在是我的啦！」然後署名孩子的名字，我朋友看了差點就要罵髒話了。我朋友說當她看到那花籃時，很想勸A「等一下，妳先不要辭職」，可是聽到其他已婚的女同事全都說「好羨慕喔」、「先生真是很有sense又好溫柔」，她覺得腦子一片混亂，所以才想問已婚的我們對這件事的看法。就算是因為自己自願離職，但辭職是多麼艱難又重大的決定啊……其他有孩子的朋友說，就算是自己選擇辭職，但如果先生送這種東西來的話，肯定會把花籃往他頭上砸過去。

聽了善宇的分享，我想到了另一個的「善良先生」的故事。

「等到孩子大一點，我們可以請保母，也可以送去幼兒園，這段時間妳就讀書，或找找其他的工作，趁這個機會也可以找新的工作不是嗎？我也會幫忙的。」

在《八十二年生金智英》這本書裡，即將臨盆而辭去工作金智英的先生鄭代賢，雖然表現得相當體貼，但每當他開口時，金智英就會火冒三丈，我看到了也是忍不住冒出髒話，相信許多女性讀者也是看得咬牙切齒（當然，以韓國現實社會的標準來說，就連鄭代賢這樣的先生都被評為難得的好丈夫，這才是最令人感到悲哀的地方）。

「能不能不要再說『幫忙』這種話了？幫忙做家事、幫忙照顧小孩、幫我找工作，這個家難道不是你的家？你的事？你的孩子嗎？而且我去工作，賺來的錢難道只用在我身上嗎？為什麼說得好像是為了別人的事情大發善心一樣？」

比「善良先生」更善良五萬倍的金智英在說出這個重要真相後，卻向鄭代賢道歉，但是我希望現實中的女性們千萬不要感到抱歉。那些人覺得，拋棄自己的職涯選擇照顧孩子，卻不會感到痛苦、也不會有喪失感、內心也不會飽受折磨，只會覺得充滿幸福。尤其是家事與育兒共同負責人的先生，更應該好好負起最大的責任。

當這種先生看到因為要上班，和孩子一起的時間太少而感到自責的妻子說出：「如果妳想辭去工作，陪在孩子身邊的話，我也沒關係，妳自己選擇吧！」聽到這種話，還真想拿花籃去塞那張假裝口吐寬宏大量話語的嘴……呼，真是的。

在韓國，首爾可以說是最適合不生孩子的人居住的地方了。根據統計廳的資料，以二〇一八年為基準，首爾女性初婚平均年齡為三十一・三歲，生第一胎的平均年齡為三十二・八一歲為全國最高，而總生育率首爾是最低[25]，這說明了首爾晚婚、晚生或是不生的人數是最多的。

姑且不談統計資料的話，我身邊也有四、五位不生孩子的女性，對於身為自由工作者，就連隔壁鄰居長什麼樣都不太清楚的我來說，幾乎沒遇過鄰居來過問我不生小孩的事。隨著過往「敦親睦鄰」的風氣消失，我住在匿名性得到保障的大都市裡，多虧不屬於任何團體，可以和親戚保持適當距離，也不會另外再結交新朋友。

我為了要訪問時隔很久才回韓國，目前暫住在父母家的修莞，而前往清州。一抵達清州，我馬上就體會到自己真的離開了如同「溫室」般的首爾。在長途巴士轉運站搭上計程車，才說完目的地之後，司機先生便立即開始人身調查。

大概是因為那天是平日白天，為什麼一個外地來的女人，會自己一個人前往還不錯的咖啡廳，而引發了他的好奇心吧。這女人是從哪裡來？要跟誰見面？朋友是清州人嗎？兩人是隔多久才見面……

雖然首爾的計程車司機經常也會問女性乘客一些無理的問題，或是長篇大論地說教，但在我過了三十五歲之後，這種事情幾乎就沒有了（**也就是說，通常只對年輕女性長篇大論**），不過像這樣鉅細靡遺、不斷追問的情況是很少見的。

就在我心中的煩躁快要爆發之際，司機先生又問：「您知道像您一樣可以到處逛逛的人，需要具備什麼條件嗎？」我的耐心瞬間到達了極限，並沒有如他所願回答「是什麼呢？」取而代之的是冷冷地回答：「沒有孩子。」

頓時車內的空氣凝結，司機先生有些尷尬地再度開口：「啊，您已經結婚了吧？」「是」「但有沒有達成協議……」「有」「哈哈，雖然各自生活的方式都不太一樣……」看我不再回答，他帶著一種還有很多問題的口氣補充說道：「那我就不再多問了……」在抵達咖啡廳的前幾分鐘，我內心充滿不愉快與自責的感覺，所以就只是直瞪著貼在扶手箱上，看來應該是司機先生孫子的照片。啊，原來是這樣。

在著手準備這本書時，我對生活在地方城市的無子女女性的生活，特別感到好奇，因此我

25 生育率指一名女性十五歲到四十九歲的育齡期間可以生育的平均新生兒數。全國平均為〇．九八名，而首爾只有〇．七六名。

前往江陵和善宇見面。

善宇：搭計程車時，司機大叔們最常以「妳結婚了沒？」開始問，接著說：「妳知道先生有多辛苦嗎？」那時我就回答：「看來您比我更了解我先生囉，辛不辛苦我才是最清楚的吧……」

善宇是在江原道出生、成長，上大學後搬到首爾，十多年後才回到故鄉。她表示自己有段時間很不適應這裡的生活。

善宇：後來我就把孩子的話題看作是一種互相認識的交流手段。先問名字，接著就會問「結婚了沒？有孩子嗎？」像這樣按照順序提問，不管你們是什麼關係。例如，我去學習我們地區的傳統文化，那裡大多都是長輩，看到有像我這樣難得的年輕人他們非常開心，所以就會問「妳為什麼會來？」「不用上班嗎？」回答因為想要暫時休息一陣子，長輩們馬上會接著說：「現在該要懷孕生孩子了吧？」

突然覺得這裡的氣氛不能說我不想生孩子，所以我就說：「先生說不想要孩子。」結果他們更吃驚，彷彿我的婚姻面臨了重大危機一樣嚷嚷著：「妳不能沒有孩子啊！」

原本我一開始打算老實說，但是現在覺得應該要隱瞞下去是因為，她們竟然要我「Stealthing」（在發生性關係時偷偷拿掉或毀損避孕用具的行為），說是「就算是隱瞞先生也要懷上孩子」。所以之後如果又被問：「怎麼還沒有孩子呢？」我也只是回答「是呀」簡單帶過去。

雖然我也受到了些許衝擊，當聽到慫恿善宇做「Stealthing」的人，大多都是上了年紀的女性時，可以猜測出她們會這樣說的原因。

直到一九六〇年代為止，韓國女性運動的主要宗旨是「廢止納妾制」，長期以來過著「兩個家庭生活」的男人不是只有在週末連續劇裡會出現，而是實際存在於某些人的家族史中，是相當常見的事實。

沒有生孩子，特別是沒有生兒子的女性，直至今日，在父權體制內仍處於非常脆弱的地位，以此為藉口將外遇「正當化」的男性不知有多少呢？

因此，在女性受教育機會較少、難有獨立經濟能力的農村地區裡，這些女性以自己經歷過或聽聞過的事實為基準，所以才有了「這世界上只能相信自己，只有生下孩子才能穩坐正宮的位置。所以如果這位善良的年輕太太不想被老公拋棄，就得想辦法生個孩子才行」的結論。

善宇：婆家屋齡已經三十年，從先生上小學開始就住在那裡了，所以鄰居彼此都很熟。每次我們夫妻回婆家，鄰居們就會一窩蜂地湧來，像是來看動物園裡的猴子一樣。這點我是還可以接受。

可是有一天，對面有位愛喝酒的鄰居大叔一邊說：「哎呀，看來是懷孕呀！」一邊猛盯著我肚子看……（笑）那瞬間我沒辦法控制自己的表情，臉色一沉，看起來很嚴肅。公婆和鄰居大叔瞬間也很驚慌失措，幾乎用很粗暴的方式把先生拖走，訓斥他一番。

以前也有某個鄰居曾跟我說：「一直都沒辦法懷孕的話，我來介紹好的韓醫給妳。」不過，在那件事之後，大家就不太說生孩子的事了。

因為發生了超乎長輩們想像這種沒禮貌的事情，也都不太敢招惹我了。我想這種事情只會在這裡發生，因為在鄉下不生孩子的人生活實在是不容易。

對某些人來說鄰居可能就像是家人一樣，但對某些人來說根本就是陌生人。對於想要與他人保持適當距離的人來說，在這種人與人之間的距離太近，或是幾乎零距離的鄉下地方，便感覺私人領域隨時會被入侵一樣。

宰卿在地方高中畢業後，便到首爾念大學，之後就一直在首爾生活，她認為對於無子女的看法的確存在著城鄉差距，並且補充說「不管哪個地方多少都會有『結婚的話也該生個孩子』的觀念，但是在首爾，人們比較願意接受『也有可能不生』的想法」。

善宇：可是就算生了孩子也是沒完沒了，不知道是不是因為這裡是鄉下，大家真的都管很多。外甥八歲時，我先生和他姊姊及外甥一起在外面吃飯，餐廳老闆問：「只有一個孩子嗎？」回答「是」之後，老闆又說：「怎麼不再生一個？媽媽看起來還很年輕啊？」

真的是永遠無法結束的苦痛啊，真不知道叫人生孩子的話題，何時才會有結束的一天，乾脆就順著自己的意思過生活吧。（笑）

和善宇見面的兩個月後，為了要見英智，我第一次來到統營。在釜山長大的英智，由於先生是在統營的造船廠工作，所以結婚後就搬出了原本生活圈。

我像傻瓜一樣，以為釜山、統營都是在「鄰近」的慶尚南道，找了一下長途巴士時間表，光是單趟車程就要兩個半小時，最重要的是城市的規模差異很大，釜山人口約三百四十一萬名，統營約十三萬名（二〇二〇年四月當時）。

結婚前原本是升學補習班講師的英智，搬到統營後才發現這裡沒有像釜山一樣的「補習街」。在打聽了地方報社或市民團體之後，也曾在生協工作過六個月的英智，現在於當地經營寫作教室和書店。

英智：結婚後住的第一個地方就在造船廠前面的公寓，住在那裡的女性全都是三、四十歲有孩子的媽媽們，她們也是原本住在其他地方，結婚後才搬到統營或巨濟，幾乎都是因為先生在造船廠工作，所以這裡大多都是造船廠上班的先生與全職家庭主婦的組合。

當時在統營，三寶家庭非常普遍，還經常看到有五個孩子的呢。在那樣的環境中，沒有懷孕生子計畫的我顯得有些格格不入。

地方經濟的重心集中在一個產業，有時候是集中在一個企業，這對我這個外地人來說有點無法體會。在我聽了英智的分享後，想到二〇〇四年出版的《現代家族的故事》。作家趙珠恩（音譯）以與現代企業的生產勞動者結婚了五年，並在蔚山生活。她以自身經驗，並採訪其他勞動者的妻子為基礎寫了這本書。

> （前略）勞動者的家庭中常有兩個孩子，這與勞動者的集體主義有關。現代汽車公司的勞動者都居住在工廠附近，而形成了同質性的家庭文化。先生都在同一個職場，拿著差不多的薪資，也同樣都住在集團居住地，因此女性們會盡可能去適應彼此，並且使生活步調都能一致。
>
> 為了不要太引人注目，不僅在消費及日常生活模式，甚至在生育與教養上的態度也會顯得近似。因此，在集團居住地的文化中，如果「有兩個孩子」是普遍現象的話，新加入這個集團的女性們也會潛移默化地偏好「生兩個孩子」，自然而然會覺得生育與教養子女可以帶給自己滿足感。

雖然地區不同，觀點也會有所不同，但是「完全沒有懷孕計畫」的英智，覺得自己真是異類，因為她脫離了同質性家庭文化的框架，因此會感到疏離感與不安。

如果自己是全職的家庭主婦，先生有穩定的工作，兩家父母也強烈渴望抱孫，同時身邊的女性友伴全都已經當媽媽的情況下，那麼要找到「不生孩子」的理由是相當困難的。所以我對英智為什麼最終仍決定不生孩子，還有她如何堅守自己的人生，感到很好奇。

英智：剛結婚時，因為我和婆家有很多摩擦，所以和先生的關係也不是很好。並非是有人找我麻煩，但很奇怪就是一直覺得很辛苦。如果家庭成員增加了，關係也會改變，我應該要覺得開心，因為大家都說這是值得開心的事。「才怪，這真是胡說八道，騙人的！」

不過，這令我覺得很有負擔，也不想要這樣做。如果我生了孩子，之後兩家的連結就會以我為中心展開。而且那時先生那邊的親戚一直要我跟婆婆一起住，因為公公很早就過世了，「妳婆婆一個人住太孤單了，反正妳也都在家……」。

我那時三十歲，曾經有沒見過幾次面的親戚把我叫了過去，問我：「妳有在避孕嗎？可千萬不能那樣做啊！」所以如果我生孩子的話，不就讓這種家庭關係更加鞏固了嗎？

同時，在那段時間我也一直思考「家人究竟是什麼？」雖然現在已經不會想了，但是大概有三年的時間，我常會和一些比較親近且認同我的人見面，不斷問他們如果我生孩子的話會怎樣？結果大家全都說，我那時生活的樣子是最適合自己的，如果生孩子肯定會變得很不幸。所以「不生孩子」，是我經過長時間思考後所得出的結論。

不了解我的人拚命要我生；了解我的人卻叫我不要生。

當女性結婚時，就會以「家族」的名義，把她和毫無血緣關係的人綁在一起。雖然男性也是一樣的狀況，但是被冠上媳婦與女婿後所承受的重量，在層次上有明顯的不同，這裡也沒必要多做解釋。

在父權體制下，生了孩子的女性在個人身份之前，是以「某某的媽媽」存在著，而在其他人幫忙照顧孩子的時候，無可避免地一定會侵犯到私人領域，這兩者根本無法分割。

如果說有不想生孩子的一百零一個理由，我的第一個就是為了和「家族」保持適當的距離，所以我對英智的苦惱很有同感，而且經歷過不斷探索的她，選擇在統營重新打造自己世界的過程令人驚訝。

英智：聽到我說不生孩子，有些人會覺得不舒服，因此我想要創造一個可以談論這個話題的空間，所以我從幾年前開始舉辦了讀書會。因為參加者大多是和我有著相同興趣，或是從外地來的人，所以現在我身邊會說攻擊言語的人幾乎都沒有了，但是學生家長，特別是孩子們的反應是最直接且誠實的。

「老師您都結婚十年了，為什麼還沒有孩子？」這問題從小學生到高中生全都會問，還有連續三年都會一直問這個問題的孩子，因為這對他們來說是很奇怪的事情。

在統營或巨濟，媽媽若是全職主婦，孩子就會說「我媽媽在家裡玩」，就算我讓他們讀有關家事分擔或是兩性平等的書，因為他們在生活中沒看過真實的例子，還是無法理解。

所以我告訴學生們，在我家師丈是在家做家事，而我負責外出賺錢，用意是讓他們知道這種生活型態並不奇怪。

我想英智的讀書會，不只能讓大家理解無子女的人的想法，還能讓想要以「個人」身份生活，欲擺脫集團主義地區文化的人聚集的社團，同時也讓孩子們知道生活有「其他」的型態，並且努力讓他們去想像，我覺得她的努力真的很棒。

我和善宇見面時，聽到她是如何不切斷與其他人的交往，而是試著堅持自己的主張，慢慢地改變周圍人的想法。

善宇：如果是和關係親近的人談論生孩子的事情，因為我知道他們是太過擔心，所

以可以忍耐，但卻無法忍受無關緊要的人老在那邊碎嘴。不過，現在的我一聽到會馬上反擊：「哎呦～現在有誰還會這樣說啦？您是想要當老古板才這麼說的嗎？千萬別說這種話啊，您媳婦聽到可是會逃跑的啊！」（笑）

就算是在學習傳統文化的地方，因為我已經不算新人，只要聽到一些不平等的話，就會說「哎呦，說這種話可會出大事呢～」阻止他們再繼續說下去。

與在無法溝通的人面前，就會閉嘴的我不同，善宇是選擇自然而然和其他人交流，漸漸改變周遭氛圍。事實上，善宇回到故鄉後，曾遭受過無數次的無禮對待與他人多管閒事的經驗，讓她一度想要離開江陵，但是讓她決心要在這裡繼續生活的契機，是有次在首爾聽到某場女性主義教育的講座。

善宇現在已經是女性團體的活動成員之一，身為女權主義者，同時也是非常了解且熱愛江陵的年輕人，她希望可以看到這個地方能有改變的一天。

善宇：我對這個地方真是又愛又恨。我很愛江陵，這裡有非常美麗的景色，整體環境也很不錯，可是如果這個地區的陋習一直不改，我很擔心沒辦法吸引更多

的年輕人來到這裡發展。

此外，這地區的人若不太了解，也不試圖去理解年輕人的需求，自然也不會有吸引年輕人進駐的相關政策。雖然有時候政策似乎有一點一滴在改變，但我想要直接參與改變。

善宇舉了一個例子，是關於江原道從二〇一七年開始施行的新婚夫婦居住費用補助方案。以全稅貸款利息和月租等名義，根據收入層級，三年內每個月可以獲得五萬至十二萬韓幣（約台幣一千三百至三千一百元）的補助。

但是其中有一個奇怪的條件，那就是男性的年齡沒有限制，但是女性的年齡必須在四十四歲以下才能申請。這可能是為了解決江原道的低生育率，人口日漸減少的問題所提出的方法，但是這政策卻明顯地把女性當作人口再生工具，不禁讓人懷疑這地區是否能夠打造成適合「居住」和「養育孩子」的地方。

即使女性團體連續三年猛批與要求改善該制度，但是至今仍沒有改變。有得到這項新婚夫婦居住費用補助的善宇笑著表示：「我現在雖然有享受優惠，但也不打算生孩子。」不過我認為，她已經把「優惠」以另一種形式回饋給這個地區了。

在網路社群中，有一則貼文的標題為「讓人忍不住脫口而出『○○是天使嗎？』現今病毒式的生育行銷」，內容擷取了KBS綜藝節目《超人回來了》[26]其中的一段小插曲。《超人回來了》的節目內容主打觀察身為「爸爸」的藝人或知名運動選手們，他們是如何照顧孩子或和孩子玩樂，從二〇一三年開播到現在，一直是收視率相當高的綜藝節目。

我看到的那集是一個七歲孩子獨自去買麵包，他看到麵包店裡的「愛心募捐箱」，詢問自己的烤地瓜能不能捐的畫面。這是只有純真的孩子才會有的單純想法及溫暖的心思，我忍不住微笑，但心裡也覺得有些不舒服。

「病毒式的生育行銷」雖然是個玩笑話，但是當大眾著迷於那些展現出可愛善良，還不會帶來麻煩的「電視裡」的孩子時，卻也越來越厭惡「現實中」的孩子，這該怎麼解釋呢？

孩子並不是天使，就算是對大人言聽計從的孩子也是如此，即使現在已經不再是孩子的大人們，只要回想自己小時候就也能體悟到這個事實。大家都很容易忘記過去，不過當與孩子近距離接觸時就能馬上理解。

孩子不會因為年幼就沒有欲望，反而因為還年幼，所以更無法控制自己的欲望，或是太急於表現而顯得笨拙，孩子的行為會給大人帶來麻煩與不便，本來就是理所當然的事。

我大概在四、五歲時，握著媽媽的手搭在往外婆家的公車上，會因為腿痠而哭鬧不休，或是因為暈車而嘔吐。我並不是會讓人特別操心的孩子，令人吃驚的是我小時候也常會說出一些貼心的話或做一些行動來感動其他大人，另一方面，我也是會做出令人討厭、表現出貪心，或是任性耍脾氣的事。

老實說，如果現在把七歲的我，帶到現在已經快四十歲的我的面前，我實在也沒有自信說七歲的我真的很可愛。但是育兒綜藝節目裡的孩子們，是被剪輯成討人喜歡，不會讓大人失去好感的存在，這也是大家會把「病毒式的生育行銷」當成玩笑話的理由。

「真的會有人看了那個節目而想生孩子嗎？」

結婚前覺得《超人回來了》裡「三胞胎家」的故事很有意思的宥琳，有了這樣的疑問。

宥琳：當時我沒有機會可以近距離接觸孩子，或是觀察育兒過程，所以把這節目當成奇幻片來看。我雖然覺得「萬歲」很可愛，但知道孩子們只會出現在電視裡，也不是我現實要照顧的對象。可是另一方面，看著這個節目時，該說會有些疏離感嗎？好像會產生我也應該要走入那世界的感覺。

26 譯註：也有人翻譯成《我的超人爸爸》。

後來，宥琳結了婚，看到先生的姪子們，了解到現實的育兒狀況後，現在非常明白綜藝節目裡的育兒和現實的育兒之間有多大的差異了。

而修莞是久久才回來韓國，目前住在父母家裡，當她對著正在看《超人回來了》的媽媽說自己不生孩子後，經歷了一場大混亂。

修莞：我只是不經意地說出口，結果媽媽一臉嚴肅地說：「為什麼說不生孩子，為什麼？」因為氣氛很嚴肅，我們談了很久，媽媽還哭了……我說明了自己的健康狀況、成熟度、環境問題、經濟負擔等現實層面的問題，但是媽媽卻毫無說服力地一直說：「妳真的很自私，生一個看看啊，孩子會有多漂亮。」我以「生出來的孩子很漂亮是結果，不能成為生孩子的理由」反駁之後，媽媽卻說：「別人全都有孫子，就我沒有。」我真沒想到媽媽竟然有這麼幼稚又固執的一面，真的太衝擊了。

看著父母開心地一邊看著一輩子也不會認識電視中的孩子們，一邊還「唉呀跌倒了！哎呦！」不禁心想如果我真的生了孩子，一定會引起騷動的，況且還是韓國人最喜歡的「混血兒」呢！（笑）

修莞會特別提到「混血兒」的理由，可以追溯到當時和還是男朋友的先生開始談戀愛的時候。「因為男朋友是外國人，周圍的人總是說：『你們的孩子一定會很漂亮！』不知道為什麼，我聽到這種話就很反感，對一個根本就不存在的孩子，一開始就講究外貌漂不漂亮。」

當然如果對象不是白人的話，是聽不到這種「讚美」的。如果在Instagram搜尋「混血小孩」的話，就會出現十九萬張照片，在相關主題標籤「混血小孩模特兒」裡，大部分的孩子都是白皙皮膚，有著圓滾滾的大眼睛。

在《超人回來了》最受大家歡迎的出演者，就是與韓國女性結婚，來自澳洲的山姆・海明頓的兩個兒子，還有與瑞士女性結婚的足球選手朴柱昊的一雙兒女。這種育兒綜藝節目就是為了展現孩子的「可愛」而存在，看到孩子的白皮膚與西方人深邃的五官，忍不住像是著魔地不斷稱讚「好漂亮」。

然而，一想到這是公營電視台的節目，不禁會想，這真的是大人該做的事嗎？似乎就不應該做出這樣的節目，反正這星期《超人回來了》又是同時段節目的收視率冠軍，我也是無話可說了。

其實「漂亮孩子」的形象並不只出現在電視裡，二〇一九年七月某位爸爸給六歲雙胞胎女兒吃完一整隻重達十公斤的大章魚，並且拍下「吃播」，上傳到有六十五萬以上訂閱人數的youtube頻道[27]，後來被大眾批評是虐待兒童後，他刪除了影片，並且上傳了道歉信。

但更令我驚訝的是，有很多表示很喜歡這對雙胞胎，並自稱是「粉絲」的大人，竟然站在爸爸那邊，義憤填膺地說：「指責影片有問題的人才有問題！」（透過螢幕）消費特定孩子可愛純真模樣的大人，對那孩子，或者對全世界的孩子來說，真的是個好大人嗎？

將兒童的日常生活及身份暴露在大眾面前是非常危險的，像是會遭受酸民的惡意留言攻擊，以及在現實生活中可能會引發犯罪行為等，但是大家似乎不會意識這有多危險，此外，兒童的肖像權也漸漸成為爭論的焦點。

二〇一五年，美劇《傲骨賢妻》（*The Good Wife*）其中一段講述一名男子向以拍攝自己兒時照片系列而聲名大噪的母親，以及擁有並展示該系列照片的美術館提起訴訟。他主張未經自己同意而拍攝的裸體照片被廣為流傳，讓自己成為兒童性犯罪者的目標，度過了相當痛苦的成長期，一直以來私生活都受到侵害，因此要求撤下這些照片。

根據二〇一九年的新聞報導[28]，在法國未經他人同意散播其照片或上傳SNS，可以被處以四萬五千歐元（約台幣一百五十萬元）的罰款和一年的有期徒刑，此法規也適用於父母上傳子女幼兒時期的照片的情況。

別說討論「同意與否」，包括自己洗澡和排便訓練在內，極其隱私的模樣，被公開在數百萬觀眾面前，透過影片或是被截圖，被永遠保存下來的「國民孫子」們又是怎麼樣呢？

當他們進入了青春期或長大後是否會在意，或是會因為這些照片而受到影響呢？我感到好奇，卻也感到擔憂。所以在和同樣對這個問題感到擔憂的英智見面時，我感到非常開心。

英智：首先，我對於無法完整表達自己是否想出演節目的孩子，而不得不出現在節目上的這件事感到很不舒服。所以我對學生們說，如果爸爸媽媽在幫你拍的照片中，有你不想給人看的照片的話，就告訴他們不要隨便上傳，請他們刪除。如果以後不想被告的話，現在就馬上刪除吧。（笑）

我深表贊同。

27 鄭恩惠記者，〈「訂閱六十六萬」孩子youtuber的「大章魚吃播」爭議……父親道歉〉，二〇一九年七月十五日，中央日報。

28 盧正延記者，〈Youtube裡的兒童，真的沒關係嗎？〉，二〇一九年八月九日，京鄉新聞。

我曾經思考過如果要訪問無子女女性，應該要從哪裡開始找起，後來加入了頂客族的交流社群。但我仍煩惱要找什麼樣的人會比較好，突然對未曾謀面的人提出訪問的要求，會不會很奇怪呢？還是得先在社群裡活躍之後再找呢？我在爬文時看到了「推薦 No Kids Zone」的文章，有點驚訝，裡面推薦的場所大概都是咖啡廳、民宿或露營場地。

雖然聽起來很奇怪，因為在這之前，我從來沒有想過，原來有些沒孩子的人會特別找沒有孩子出現的地方。我認為在我家以外的地方是一定會有小孩存在。對喜歡待在安靜空間的我來說，所謂的孩子就是必須「忍受」的存在，但其實我要忍耐的不只是孩子而已，還有來自四面八方無禮的人。

總之只要踏出家門的那個瞬間，我知道，我的半徑裡會有孩子出現是必然的，除非有特殊的情況，否則這是無法避免，而且也不能阻止的事情，因此我沒想過要特別去找標示 No Kids Zone 的咖啡廳或餐廳。

但如果是幾年前的我又是如何呢？直到三十歲出頭，我還是一個茫然，卻又擺明很討厭孩子的人。所以如果在地鐵或是餐廳裡，只要有小孩大聲地滔滔不絕、臉皺在一起嚎啕大哭的話，我就會馬上抬起頭四處張望找出噪音的來源，還會對同行的人吐露不愉快的心情，不是刻意帶著惡意，但對當時的我來說，覺得自己是可以有「討厭」孩子的權力。

特別對那些覺得女性應該要喜歡孩子，認為女性就應該懷孕生子的人們，說出「我才不喜歡小孩」時，會有一種解放的快感。在這個把我視為「潛在媽媽」，甚至還制定了「育齡期女性指南」[29]的社會裡，就算原本有想要試圖理解和照顧別人的孩子的想法，也會突然消失。

可是隨著年紀逐漸增加，看著身邊的朋友們和姊姊生養孩子的情形，我完全可以理解孩子真的是一個無法控制的存在。就算那些比我更有判斷力，更有常識的人，今天如果帶著孩子出門，也是會做出驚慌失措的行動。

他們為什麼會在這邊換尿布？為什麼沒有把會發出聲音的玩具拿走？想要知道答案的話，我們就必須換個角度站在他們的立場思考才行。因為除了這裡，沒有其他可以換尿布的地方；如果拿掉那個玩具的話，孩子會哭鬧得更大聲。

我所認識那些「成熟」的大人，只有在他們單獨存在時才能展現出「成熟」的風範，當他們轉換為孩子監護人的角色之後，便會產生了許多無可奈何的變數，而不再那麼游刃有餘了。

還有另外的一個變化是，我是在結婚後才漸漸堅定不生孩子的選擇。照顧和養育孩子不是

29 二〇一六年十二月二十九日行政自治部創建並公開了「韓國生育指南」網站。其宗旨是提供全國兩百四十三個地方自治團體的生育統計和生育支援服務訊息。如果點擊某個地方自治團體，就會詳細顯示居住在該地區育齡女性（十五～四十九歲）的相關訊息。由於受到把女性當作生育工具的批評，一天之內就關閉了網站。

我人生中要做的事，這也明顯減輕了孩子帶給我的壓力。所以我在有孩子吵鬧、調皮搗蛋的地方，只要想著我的不便只是暫時的，比起養育者長期承擔的責任根本好太多的時候，就可以將噪音與不悅的心情分離。

所以，後來我沒有再上那個頂客族社群，不過我和無子女女性們見面時，有聊了一些關於No Kids Zone的想法。

伊善：第一次聽到 No Kids Zone 時，首先浮出的念頭是我想要去看看，覺得把兩者分隔開的話，好像對彼此都好。後來才知道那是禁止和拒絕某些人的措施，我也曾經聽姊姊說她以前就遇過這樣的事。所以我重新想想，雖然我很常造訪咖啡廳，但卻沒有因為孩子們而覺得有非常不方便的地方，我有些懷疑，這真的是因為孩子的關係嗎？

其實我也想不太起來，在咖啡廳或餐廳裡因孩子而感到不便的事情，雖然不能說完全沒有這樣的事情，但是至少沒有比在星巴克，大聲吼叫著要店員來這裡點餐的大叔，更令我印象深刻了。

我反而懷疑，這類「沒教養的孩子 XX 和機車父母的小故事」的文章，在 Nate Pann（大型討論區）會定期地上傳並快速擴散到其他的網路社群，是不是刻意製造出讓沒有直接看過或經歷過的人們也覺得有「親身經歷」的錯覺呢。

如果將自己感到不愉快的事寫在網路上，可以讓大眾間接體驗，並且累積一、兩次對兒童與其養育者（**通常是母親的女性**）負面先入為主的偏見，之後就會演變成為厭惡。撰寫《善良的歧視主義者》一書的金知慧教授這麼說道。

人們會更專注於符合自己固有觀念的事實，並且牢牢記住，最終讓這個固有觀念形成了鞏固的循環。相反地，對於不符合自身固有觀念的事實卻不太會注意。

昭妍：我了解為什麼No kids Zone會出現，是因為沒有孩子的環境很舒適啊，就算把小孩換成老人來思考的話也是如此。但是以「舒適」為理由，把社會某些地方打造成「沒有某種人存在」的空間時，這就超越身為文明人的界線了，不是嗎？

我認為不應該超過那條界線，特別是No Kids Zone的情況，因為遭受歧視對象的兒童並沒有發言權，所以要打造那樣的空間很容易，因此有必要更加確實地實施公共教育。

如同昭妍所說，因為沒有讓人覺得不舒服的存在，所以覺得很舒適。這就跟對身障人士在爭取無障礙空間時，大多數非身障人士所產生的憤怒目光一樣；和站在速食店的自助點餐機前，在對點餐步驟感到生疏的老人身後，年輕人傳出嘆息聲一樣。

我每天都與內心的厭惡不斷鬥爭而經常敗北，老實說厭惡很容易，困難的是理解。理解與我不同的存在，是不可能在一瞬間就可以做得到的，也不會因為一次的「理解」就能夠持續下去，必須要平息自己容易引發的怒火，掌握發怒的原因，同時思考自己在這社會擁有的意見與權力會造成什麼影響，並且為了不越線，只能繼續努力把持著才行。

因為對江陵的 No Kids Zone 漸漸增加而感到擔憂的善宇則苦笑地說：「這就像是只要是和我不一樣的人，我通通都不喜歡，彷彿是『我』與『非我』的戰爭一樣。」她的業務範疇除了婦女外，同時也跨足身障人士領域，這些話都深深刻進我的心裡。

「有時我忍不住覺得，在這個社會中，最終不被排斥且留下來的，或許只有年輕又健康的男性吧！」

我反對 No Kids Zone，並不是因為我喜歡孩子，我是一個在沒有孩子的空間裡會覺得舒服又自在的人，但是為此卻排擠孩子便是另外一個問題了。

雖然我現在和孩子在同一個空間仍然會覺得很累，但是會努力不說「我討厭小孩」。當孩子在公共場所裡大聲說話、哭鬧時，視線也不會再到處尋找，因為我了解大部分的養育者都是努力想辦法要讓孩子安靜，但是他們和孩子的溝通並不總是那麼順利。

只是比起英智和寶拉，看到在公共場所若是看到大聲喧嘩，或是做出危險行為，四處奔跑的孩子時，會直接告訴他們不可以這樣做，我卻沒有那麼積極。所以我聽到英智說「大家都會說養一個孩子需要全村的人，但我不懂大家為什麼對孩子卻裝作事不關己的樣子？」時，我的良心有受到譴責的感覺。

然而，我聽到允熙對 No Kids Zone 的想法是「雖然這樣說有點尷尬……但我覺得還不錯」時，感到有些意外。因為允熙與我不同，不會對孩子感到不自在，也和孩子們相處得非常好。和我見面時，允熙正在上咖啡師訓練課程，也在咖啡廳兼職打工，同一時期也正在準備咖啡廳的開業，也就是說，她對咖啡廳有著非常豐富經驗。

允熙：如果我一個人去咖啡廳，裡面有小孩子很吵鬧的話，就會覺得不開心，所以有 No Kids Zone 似乎也不錯。雖然有孩子的人可能會不高興，但是仔細想想也是可以理解這樣做的心情，不是嗎？店裡會規劃 No Kids Zone，大部分不是因為業者討厭小孩，而是因為客人不喜歡才這樣做的。

允熙的立場和許多主張「雖然我沒有不喜歡小孩，但是No Kids Zone是業者合理的選擇」相似。我一直都是一個懶惰的膽小鬼，如果遇到不同想法的人，也不會試圖去說服對方，而且我也不是為了討論這個議題才和允熙見面的，所以覺得不一定要反駁她，但是我想再多聽聽她的想法。

因此，我告訴允熙，二〇一七年國家人權委員會勸告濟州市一家義大利餐廳不要「禁止十三歲以下兒童進入」的事情。在這裁定文中，比起全面禁止兒童和兒童的監護人，而是建議店家可明列出預防意外、注意安全事項與妨礙營業的具體行為，並提前告知如果違反該規定，可以限制使用權或要求離場等。

允熙：「如果不是以限制具體行為，而是直接禁止使用空間的話，就會讓越來越多人認為孩子是「麻煩的存在」，這種現象很令人擔憂呢！」喔，我認為No Kids Zone其實就像「每人低消為一杯飲料」的規定一樣。因為真的有來五個人，卻只點兩杯濃縮咖啡，再不斷要熱水的客人啊。（笑）不過，一般的客人不會這樣做，是因為要遏止少數人的關係才有低消制的出現。

帶孩子的客人其實本身會有很多不方便的地方，但由於一位成人只會點一杯飲料，但她的孩子沒點東西，卻會額外產生很多垃圾，店家並不歡迎這種客人。當然有的客人離開前會全都清理乾淨，並把垃圾帶走，也有人會點兩杯飲料，其中一杯打包外帶，但是有些人卻不會這麼做，這對店家來說很兩難。不過，聽妳這麼一說，自己的存在被拒絕，似乎真的有些不太好。「因為奧客的類型本來就各式各樣，但不該特指某些特定族群「孩子和大部分的媽媽」，像大叔奧客也很多啊！」是啊！也不能寫「喝燒酒的客人請勿進入」。（笑）

在SNS上，曾經看過首爾某間咖啡店在每張桌子上都有放置公告，與「每人低消為一杯飲料」的規定一樣，上面寫著「與孩子同行的顧客，請注意不要讓孩子四處奔跑，或是破壞店內物品」。

令人印象深刻的是，接下來是也有對沒有帶孩子客人的叮囑，「即使孩子哭鬧，請注意不要擺臭臉或猛盯對方；即使覺得孩子可愛，請不要任意撫摸，也請不要亂開玩笑。如果有造成不便之處，請小聲地告訴店員」。我想作為文明人，能堅持不越界的力量，可能就是來自於這樣的地方吧。

最後我問了把全部心力都放在咖啡廳開店，而選擇不生孩子，但是並非完全不想要孩子的允熙，一個我很好奇的問題。

允熙：「假設以後妳生了孩子，和孩子一起去咖啡廳，結果發現那邊竟然是No Kids Zone的話，會有什麼感覺呢？」嗯……好像會覺得不太舒服，但我不會進去問為什麼不行，也不想這麼做。只是就算以後沒有跟孩子在一起，也不會想去那種地方了。

現在聽妳這樣說，我改變想法了，似乎不該禁止「孩子」出現。例如：這家咖啡廳的樓梯很陡，與其設置「No Kids Zone」，可以明確寫出禁止理由，像是「樓梯很陡有危險，請勿帶孩子上二樓」的告示會比較好。

因為火車時間快到了，我從位子上起身，允熙說要載我到車站，路上我們又分享了許多話題。允熙突然提到「剛剛聊天的時候，我重新思考了一下No Kids Zone，因為從來不曾想過這件事，但是這真的會讓某些族群有受到歧視的感覺」。

聽到她這樣說，我非常驚訝人的思考是可以靈活地改變，對於不期待可以透過對話來改變他人的我來說，也覺得有些羞愧。

在訪談結束幾個月後，允熙現在正經營一家有著溫暖氣氛，環境優美的咖啡廳，而且她的咖啡廳不是No Kids Zone。

我是很晚才辦了住宅認購的綜合儲蓄帳戶[30]，雖然曾經有兩次想過要不要加入認購房子，但現在卻看著說明公告，看到神智也跟著恍惚起來，在內容多到讓人想要放棄的招募入住者的公告裡，羅列著和很久以前大學入學申請表上一樣複雜的數字與加分項目。

撐著視線模糊的雙眼努力看完之後，雖然我們這輩子從來沒擁有過房子，收入也夠低，但是在競爭對手群裡，完全是零勝算，因為我們「沒有孩子」。

· 有優先權或一般條件下有同樣積分時，可取得的資格為：第一順位，結婚期間有生育（包含懷孕、領養）未成年子女。

· 同一順位（僅限第一、二順位）在同一居住地區內有同樣積分時，取得資格的順序為：

1. 未成年子女（包含胎兒）人數較多者
2. 未成年子女（包含胎兒）人數相同時，則由抽籤決定。

我閱讀第一本關於無子女的書，是美國臨床心理學家艾倫・L・沃克（Ellen L. Walker）寫的《沒有孩子的完整生活》（*Complete Without Kids*）。對於書中提到的身為無子女的人所感受到的平靜、快樂、疏遠等大部分內容，我都十分有同感，但是也有無法認同的部分。

像是「沒有孩子所受到的不平等對待」章節中，作者在引用人們指出「比起有孩子的家庭，沒有孩子的人較少使用公共服務，但卻得繳交更多的稅金」，提出了這樣的看法。

雖然養育孩子會花費許多錢，但這是當事者在懷孕之前就必須要考慮到的部分，而且本來就應該對自己選擇的生活方式，做好財務的準備。不管是用信用卡分期購物、飼養寵物、買房子、生孩子都是一樣的。成為父母後，子女上幼兒園的費用之類還要由其他社會成員來負擔是不太合理的。

真的是這樣嗎？詢問受訪者是否會覺得因為沒有孩子，而覺得在住宅認購或退稅制度等方面吃虧嗎？或者認為需要針對無子女夫婦制訂相關政策嗎？

伊善：我從沒參加過認購住宅，因為知道積分太低，所以連試都沒試過。給有孩子的人加分也是相當合理的。有孩子的話，會比較需要較寬敞的房子，而且也

30 譯註：每個月固定存一筆錢進入請約帳戶，會獲得居住地該地的優先認購公寓的資格。

會花很多錢在孩子身上。

我的立場是如果沒有那種制度當然比較好，但給予有需求的人一些優待是必須的，所以也只能接受。例如，家中有年長的父母要撫養的話，也會加分啊，這是大家需要互相體諒的事情，所以我不會覺得有什麼損失。

伊善還補充說：「沒孩子的夫妻並不會因為沒孩子而變得特別辛苦，似乎也沒必要獲得特別的優惠」。是啊，未婚單身者所面臨的困境，與在一些制度上略占下風是事實，但是無子女夫婦的情況卻不同。

我雖然也是因為認購的順位落在很後面，而覺得有點遺憾，但是並不覺得委屈。這是由於要維持一個社會運作，需要做出貢獻，然而我並未參與，所以即使少一點優惠，也是沒辦法的事。宰卿雖然有著相同的結論，但是她的理由卻有些不太一樣。

宰卿：比起維持一個社會運作的觀點，我認為養育子女本身就是一件非常困難的事，所以的確需要給他們優惠。這不是因為出生率下降，所以要援助他們的問題，而是撫養孩子真的是很辛苦的事啊！

何況也不會因為那一點點程度的優惠，就讓我們的社會成為一個適合養育孩

子的社會，所以我認為這是能幫助他們的「最小限度」。

「不婚主義和無子女的已婚者有逐漸增加的趨勢，妳覺得在育嬰假或補助子女學雜費等，以有撫養子女的已婚者為中心的公司福祉制度中，有需要改變或是增加的地方嗎？」事實上請育嬰假又不是去玩的，當事人是要面臨不同種類的壓力。不過，我認為如果要改善的話，應該要提供更多的休假類別。很容易請假和很難請假的公司我都待過，我認為如果是暫時想做其他事或者想進修，只要是合理的理由，都應該讓員工可以選擇留職停薪。只要公司可以解決人力問題，就應該讓員工請假，對公司來說，這也是不需要另外花錢的福利，不是嗎？

之後，我訪問了住在非首都圈的地方受訪者，才明白對認購住宅的關心度，和擁有自己房子的想法，每個地區都不太相同。住在慶尚北道A城市的閔夏在聽到我提到住宅認購與撫養家人會加分的事情時這麼說道。

閔夏：在首爾要抽中公寓，競爭非常激烈，但是在這邊不會，我去年就抽中了，但因為沒有急需，所以就放棄了。

住在忠清北道B郡的廷媛也不太關注住宅認購。

廷媛：自從我們搬到其他地方以後，對住宅認購就沒什麼興趣了。比起住宅認購，我最近比較煩惱死後的問題，我看到孤獨死的新聞，突然想到未來誰可以幫我處理後事？因為不想給妹妹或外甥們添麻煩，所以我想，如果有像禮儀公司或保險同樣都能負責身後事相關的制度就好了。

「將來只有兩個老人一起生活，或是只剩下一個人時，很擔心要如何處理生病、意外或死亡的情況，所以覺得未來應該要更積極討論關於尊嚴死的議題。如果這社會保障對亡者的尊嚴，人們會對社會有信心，這樣不就會提高生孩子的意願嗎？即使如此，我們應該還是不會生。（笑）」反正既然沒有社會安全網做為防護，至少也要有尊嚴死吧？（笑）

大部分的受訪者對於無子女的相關政策都表示「從未想過」、「好像沒必要」，但這也可能因為我們的年齡都是落在二十多歲到四十歲出頭之間，目前在人際關係、社會活動、日常生活並沒有太大的困難，也不是處在特別需要幫助的時期。

伊善也補充說：「如果社會整體的福利制度完善，沒孩子的人同樣也能享受到良好的福利」。也許無子女夫婦所經歷的困難，要等到年紀再大一點之後才會遇到，像是跟年老之後的問題有關。為了解決這個問題，需要更詳細、更普遍的福利。現在我和廷媛想到的是很籠統的尊嚴死，或許未來這將會成為具體的話題。

訪問中最令我感到意外的地方是，對於有子女家庭的優惠稅制和補助政策，沒有任何人反對或覺得不合理。

我們經常可以聽到人們攻擊無子女夫婦的理由之一是，「以後我們的孩子還要拿辛苦工作來的錢，去繳稅金來養這些自私自利的人！」這種想法還真是有趣。

英智：因為我不需要另外撫養家人，所以先生在年底報稅時可以退稅的金額並不多，但我不會特別覺得自己有什麼損失。反正國家要繼續營運，就得需要生育，然而養育孩子又不是一件容易的事，的確是應該給這些父母更多的優惠，或是制定一些福利政策來減輕他們的負擔。

我在教學生的時候，也覺得他們能夠好好長大，對我來說是件好事。他們未來長大成人身為市民，能對社會有所貢獻，打造出完善健全的社會，我也會從中受益，所以對此沒有什麼好不滿的。

我們身為社會的一員且生活在其中，並不是所有人都會選擇生孩子。「應該對自己選擇的生活方式，做好財務的準備」這句話乍看之下似乎很合理，卻忽略了現實中是無法提供給所有人同樣選擇的條件。

我希望人們在做出「選擇」之前能更加慎重，但首先社會的責任是讓每一個孩子盡可能都能在良好的環境下成長，所以我不覺得自己繳的稅金用在別人家孩子身上會很可惜。就算我這輩子在住宅認購的順位也不會往前也沒關係。

當然預防萬一，我是不會解除認購帳戶的。

即使我已經下定決心不生孩子了，但有時候還是會出現「看誰還敢叫我在這種國家生孩子試看看」，再次堅定信念的日子。

像是聽到一位不婚主義女性成為公正交易委員會會長候選人後，被一名男性國會議員嘲諷地說：「出人頭地是很好，但希望妳能為國家發展做出其他貢獻」；某大企業被舉發在面試時刻意刷掉「女性」，卻只被罰款幾百萬韓元；還有揭發在影音平台交易女性與兒童性虐待影片等的犯罪集團成員大多是人父，這類打壓、欺負女性的事情。

如果有人問我是不是因為討厭韓國才不生孩子的話，倒也不是這個原因，就像是勝珠說「就算我住在北歐，應該也不會生孩子」一樣，我不想在人生中增加必須長時間陪伴勞動的課題，這才是我不想生孩子的最大理由。但說實話，在韓國想引發生育的動機很難，反而會是經常失去動機，我見到宰卿時她是這麼說。

宰卿：我在煩惱是否要結婚的時候，剛好發生了世越號事件，雖然這並非是我不生孩子的關鍵點，卻是讓我再次下定決心「絕對不要生孩子」的契機。

廷媛也吐露出對韓國社會的不信任感。

廷媛：每次去看外婆的時候，她一定會對我說「趕快生一個吧」，說自己年紀大了，除了含飴弄孫，沒有什麼好期盼的了。但是我真的不確定我的孩子是否能夠一生順遂，到我離開人世前都還能好好活在這個世上。撇除世越號事件，每天我們都會看到有人因為工作壓力或職場霸凌死亡的新聞。就算我生了孩子，把孩子撫養長大，也不能保證我老了之後，他還能平安健康地活著。

聽了廷媛的話，我想到了「金容均事件」，這是二〇一八年十二月發生在泰安火力發電廠的職災意外，最後是在機器裡發現金先生身首分離的遺體，也想到了二〇一七年在LG U+合作公司客服中心工作的十九歲洪小姐，最後選擇縱身跳入水庫，自我了斷。每當看到年輕人在危險性極高的工作場所遭遇意外，或是在工作崗位上忍受不了折磨，而結束自己生命的報導時，我都會想假設我有孩子，但靠我手頭僅有的微薄財產，是否可以給孩子絕對安全的生活呢？在這個平均一天有二・四七名勞動者因職災死亡的國家[31]，究竟能否保障我們的孩子呢？

宰卿：我都要鼓起勇氣度過每一天，生活其實並不容易。我沒有什麼可以留給子女的，連一點財產也沒有。

對於社會弱勢者，冷漠的社會更增添生育的不安因素，加深了恐懼的重量。寶拉有位身障的弟弟，即便弟弟的身障與遺傳無關，但是寶拉表示，不管可能性有多小，還是很害怕自己會生出身障的孩子，因為她的母親和家人都在這個社會中遭受到另眼對待。

寶拉：我在某本書中曾經看過這樣的故事。作者是位高齡產婦，被醫師要求做羊膜穿刺檢查，她非常生氣地拒絕了，並且問醫師假設孩子真有問題的話，難道就不要生嗎？雖然最後作者是生下了一個非常健康的孩子，但是我反問自己「如果是我做得到嗎？」韓國社會提供給身障人士的福祉制度並不健全，而且一般人對身障人士的態度也極度不友善。就算孩子在出生時是健康的，但也可能之後因為某些因素而導致身體有障礙。我在韓國社會上看到太多撫養身障孩子時所遭遇到的困難，所以更不想踏進充滿不確定性的領域。

事實上，我和先生偶爾也會聊到，如果有一天到國外生活的話，可能就會考慮生孩子也說不定。先生說：「在國外就算生了有身障的孩子，應該也會感到幸福吧！」他的腦袋裡想的大概是北歐之類的國家吧？反正不是美國，他說是歐洲的某個國家就是了。

不是韓國而是「某個國家」，我想這可能會是身障人士福利制度比韓國完善的加拿大，或是隨處可見「拿鐵爸爸」（latte dads）[32]的北歐某國。子賢正準備移民去加拿大，她坦承因為自己沒有孩子所以可以離開韓國，到了加拿大也可以毫無顧慮地開始讀書，卻也給出了有趣的回答。

31 黃經尚記者，《每天都有金容均：每天都會有一名墜落死亡，每三天就會夾死一個人》，二〇一九年十一月二十一日，京鄉新聞。

32 編註：在瑞典，爸爸們在放育嬰假時，因為常會相約一起邊喝咖啡，邊帶小孩，後來就被稱為「拿鐵爸爸」。

子賢：雖然我不太喜歡孩子，但辭去工作之後，心情也比較遊刃有餘了，所以在公共場所遇到孩子時，可以對他們露出微笑，也會幫他們開門。對於弱勢者，我覺得大家應該多去理解他們，所以現在我也在改變自己的認知中。可是在韓國不只是孩子，對於身障人士等弱勢者都抱持著「不要給人看到，待在家裡吧」的氣氛。

此外，由於搭乘擁擠的大眾交通運輸工具時很辛苦，每個人神經都繃得很緊，真的無法再忍受小孩在車上製造任何一點吵鬧聲，但常常事與願違，而我因為這個緣故，後來變得很不喜歡小孩。

不過，如果大家都能對孩子更友善一點，就可以減少女性因懷孕和生產所遇到的障礙，或許「不想生」的想法也會跟著變少。假設我再年輕個五、六歲，而且已經取得加拿大永久居留權的話，或許就會想生孩子也說不定……

有時候我覺得在韓國當媽媽，就要隨時檢查自己是不是過著「媽蟲」[33]的日子。有孩子的女性，和孩子在一起的女性，她們經歷過的侮辱或危險，與我遇到的完全是不同層次，所以我每次看到或聽到都會感到非常驚訝。

我是一位女性，在韓國出生成長，本來就處於弱勢的地位，我害怕自己以後會處於更為弱勢的處境。因此，比起思考孩子能否獲得幸福之前，我更會先思考這個社會是否可以給予我保護。

修莞：在新喀里多尼亞，婦女都生很多孩子，大家都開玩笑地說：「生孩子像轉扭蛋一樣，輕輕鬆鬆就生了。」所以要生兩、三個是非常容易的事。

修莞生活的南太平洋法屬新喀里多尼亞島在二〇一九年的總出生率是二・一四名，在歐洲也是生育率最高的國家，法國為一・八五名，同年韓國的總生育率卻是〇・九二名，刷新最低記錄。

修莞：這裡沒有「為什麼不生孩子」的社會氣氛，因為媽媽不管在職場或社會裡，都不會遭人白眼，或是差別對待。例如，在新喀里多尼亞產假有十六週，育嬰假也可以請到將近三年，不過大多數的媽媽會選擇將四個月大的孩子送到

33 譯註：韓國網路流行語，原指沒有教好孩子的媽媽，後來變成暗指不用工作，靠丈夫生活的媽媽們。

稱為「Crèche」的幼兒園後，重返職場。

在韓國，因為有所謂「孩子到三歲前應該要給媽媽帶」的社會氛圍，使媽媽產生罪惡感而不敢去上班，或是找不到人可以幫忙照顧孩子，勉強請了一年育嬰假後，最終只好辭職。

反觀在新喀里多尼亞，媽媽們根本不會有這種壓力。另外，先生工作的地方，有很多男同事會帶著剛出生的孩子來上班，說是：「今天保姆生病了，所以就帶來公司。」由爸爸來親自照顧孩子。「如果孩子在辦公室裡哭鬧的話，怎麼辦？」大家好像不太在意。

有些女性主管，為了能和孩子有多一點相處時間，可以選擇星期三不上班，相對的薪水會低一點。也許是公務員的關係，能調整工作業務。總之，我認為整體環境是會影響養育孩子的意願。

電影《八十二年生的金智英》裡，看到金智英的先生鄭代賢的同事帶著孩子上班時，我瞬間感到忐忑不安，明知道這是電影為了展現上班族媽媽的苦衷，但是一想到如果現實中真的發生這樣的事情，這位女性在職場內會受到怎麼樣的指責，就感到非常害怕。

好險在 Nate Pann 上沒有出現痛批「還以為辦公室是幼兒園的媽X」的文章，那位女性沒被全體國民罵翻，真的是不幸中的大幸。修莞看到電影這個場景後，也是被嚇得這樣說道。

修莞：我寧可缺勤被罵，也不會帶孩子去上班。這種消息一定馬上就傳遍整棟大樓，肯定會聽到有人說「她也太沒腦了吧？」之類的話。

過去十四年間，韓國在「低出生率」的對策上投入了一百八十五兆韓元（約台幣四十九億元），卻還是OECD中唯一一個出生率不到一人的國家。看到這類統計數據的時候，我就會想起修莞的話。

修莞：在新喀里多尼亞，與其說是「友善兒童」的環境，不如說是「友善媽媽」的環境，在那裡自然會出現生育的良性循環囉。

這個社會把女性視為生育的工具，還不斷向生孩子的女性灌輸罪惡感，對女性來說生育只會帶來損失，以至於很多女性不想當媽媽是理所當然的結果。也許在某處，有位未來可能要當媽媽的女性，越是深入了解在韓國當媽媽會遇到什麼事情之後，越會對生育打退堂鼓。

在嚴重厭女的社會，出現了不僅是生育，就連與男性戀愛或結婚都拒絕的「四不世代」[34]，如此一來，出生率不是又會更急遽下滑嗎？如果在這個社會裡，女性不能得到身為人的尊重，弱勢者無法享受到平等權利的話，那麼出生率下降的速度會遠比我們想像得更快也說不定。

34 「四大」指的是不戀愛、不做愛、不結婚、不生育。

後記

無論妳要不要當媽媽，都是最棒的存在

在新冠肺炎需要「保持社交距離」的期間，我開始撰寫這本書。我原本以為，為了想讓人生走向希望，而選擇了沒有孩子的生活，但這個春天卻是讓我明白，不管事前怎麼規畫，人生都不可能會完全照著自己的計畫走。

我雖然寫完這本書了，但是新冠肺炎時代卻還沒結束，聽到受訪者們也因為這突如其來的事件受到不少影響，像是生活模式改變、重要計畫告吹、新的苦惱出現，我感到相當惋惜，但我相信她們最終會找到解決方法。

即便如此，對我們來說，不是只有不好的消息，有人開始著手完成長久以來的夢想，有人被剛出生的姪子深深吸引。話說我昨天因為外甥的生日而打了視訊電話給他，但外甥對我這位陌生的阿姨不感興趣，只給我看了他的背影（我反而覺得慶幸），這也算是一個不錯的經驗。

後來，我也終於鼓起勇氣對姊姊說：「其實我會寫這本書，最初就是因為聽到姊姊要我也生一個孩子的那句話呢！」姊姊聽完呵呵笑著說：「喔？那個啊？是媽媽跟我說：『至恩一直說不生孩子，妳也試著勸她一下吧！』所以我才說的啦！」

……沒想到，這一路漫長的旅程居然是因為這樣而開始的，我突然變得有些失落，苦笑了出來，另一方面不知道為什麼，心情也覺得很輕鬆。雖然這一切是從姊姊一句無心的話開始，然而我在到處找尋無子女女性，並且聆聽她們故事的期間，獲得了許多煩惱與疑問的答案。就算今天沒有（媽媽教唆）姊姊的那句話，我終究也需要答案。因此，我再次體會到，所謂的人生，是不知道何時何地會突然出現什麼，來驅使我前進。

隨著時間流逝，我和受訪者的生活未來將會如何發展，之後會如何看待現在這個決定，不禁令人感到非常好奇。然而更重要的是，無論未來她們會做出任何選擇，我都衷心希望她們能夠幸福，期望在很久的將來，我們還能有機會再見面分享。我仍希望能多聽聽那些決定不當媽媽，或是還在考慮的其他女性們的故事。

最後，希望不管妳在哪裡，不會感到不安或孤單，都能過得很好。

人生顧問436

我不想當媽媽
18位頂客族女性的煩惱、幸福與人際關係

作　　者—崔至恩（최지은）
譯　　者—梁如幸
主　　編—郭香君
責任編輯—龍穎慧
責任企劃—張瑋之
書封設計—Bianco Tsai
內頁設計—呂佳芳
內頁排版—新鑫電腦排版工作室

編輯總監—蘇清霖
董 事 長—趙政岷
出 版 者—時報文化出版企業股份有限公司
108019台北市和平西路三段二四〇號四樓
發行專線—（〇二）二三〇六—六八四二
讀者服務專線—〇八〇〇—二三一—七〇五
（〇二）二三〇四—七一〇三
讀者服務傳真—（〇二）二三〇四—六八五八
郵撥—一九三四四七二四時報文化出版公司
信箱—10899臺北華江橋郵局第九九信箱

時報悅讀網—http://www.readingtimes.com.tw
綠活線臉書—https://www.facebook.com/readingtimesgreenlife
法律顧問—理律法律事務所　陳長文律師、李念祖律師
印　　刷—勁達印刷有限公司
初版一刷—二〇二一年十一月十九日
定　　價—新臺幣四二〇元

時報文化出版公司成立於一九七五年，
並於一九九九年股票上櫃公開發行，於二〇〇八年脫離中時集團非屬旺中，
以「尊重智慧與創意的文化事業」為信念。

我不想當媽媽：18位頂客族女性的煩惱、幸福與人際關係 / 崔至恩（최지은）著；梁如幸 譯. -- 初版. -- 臺北市：時報文化出版企業股份有限公司, 2021.11
面；　公分. --（人生顧問；436）
譯自：엄마는 되지 않기로 했습니다 : 아이 없이 살기로 한 딩크 여성 18명의 고민과 관계, 그리고 행복

ISBN 978-957-13-9610-1（平裝）

1.社會角色　2.母親　3.訪談

544.141　　110017727

ISBN 978-957-13-9610-1
Printed in Taiwan